Christian Eltgen

Eruierung von Fördermöglichkeiten

Christian Eltgen

Eruierung von Fördermöglichkeiten

Unter Berücksichtigung von Antragsvoraussetzungen und notwendigen Eigenmitteln am Beispiel der Stadt Bad Belzig

Lehrbuchverlag

Imprint
Any brand names and product names mentioned in this book are subject to trademark, brand or patent protection and are trademarks or registered trademarks of their respective holders. The use of brand names, product names, common names, trade names, product descriptions etc. even without a particular marking in this work is in no way to be construed to mean that such names may be regarded as unrestricted in respect of trademark and brand protection legislation and could thus be used by anyone.

Cover image: www.ingimage.com

Publisher:
Der Lehrbuchverlag
is a trademark of
International Book Market Service Ltd., member of OmniScriptum Publishing Group
17 Meldrum Street, Beau Bassin 71504, Mauritius

Printed at: see last page
ISBN: 978-620-0-27089-4

Inhaltsverzeichnis

Abbildungsverzeichnis

Tabellenverzeichnis

Abkürzungsverzeichnis

AEUV – Vertrag über die Arbeitsweise der Europäischen Union

BGB – Bürgerliches Gesetzbuch

BIP – Bruttoinlandprodukt / Volumen des Waren - und Dienstleistungsverkehr

BNE - Bruttonationaleinkommen

BRD – Bundesrepublik Deutschland

Bsp. – Beispiel

bspw. - beispielsweise

bzw. - Beziehungsweise

EGV – Vertrag der Europäischen Gemeinschaft

EU – Europäische Union

EUV – Vertrag der Europäischen Union

GG - Grundgesetz

ggfs. – gegebenenfalls

HLG - Hochschullandesgesetz

HRG - Hochschulrahmen-Gesetz

i.d.R. – in der Regel

KfW - Kreditanstalt für Wiederaufbau

o. J. – ohne Jahr

o. O. – ohne Erscheinungsort

o. T. – ohne Titel

o. V. – ohne Verfasser

o.Ä. – oder Ähnliches

s.o. – siehe oben

u.a. – unter anderem

Vgl. - Vergleiche

z.B. – zum Beispiel

z.T. – zum Teil

1 Erläuterung und Abgrenzung zentraler Begriffe

In diesem Kapitel wird zunächst in das Thema eingeführt, einen Überblick über die verwendeten Datenquellen, sowie eine allgemeine Einführung in die Begrifflichkeiten und Strukturen von Förderungen gegeben.

1.1 Aufbau der Arbeit

Diese Arbeit mit dem Titel „Eruierung von Fördermöglichkeiten unter Berücksichtigung von Antragsvoraussetzungen und notwendigen Eigenmitteln am Beispiel der Stadt Bad Belzig" ist in drei Teile gegliedert. Im ersten Kapitel werden die Datenquellen und verwendete Literatur kurz erläutert, sowie eine allgemeine Einführung in die Thematik von Förderungen / Fördermitteln gegeben. Hierbei werden zum einen der Begriff Förderung genauer definiert, sowie die Arten und Ausprägungen der hierzu angrenzenden Begriffe von Fördergeber, Förderempfänger, Förderorganisation und Förderart erläutert. Zum Abschluss des ersten Kapitels wird eine Kategorisierung von Fördermitteln vorgestellt, sowie eine Eingrenzung der Auswahl Möglichkeiten zur Findung von Fördermitteln vorgenommen. Dies dient der Schärfung des „Förderprofils" und Reduzierung der vorhandenen Fördermittel auf ein überschaubares Maß.
Im zweiten Kapitel werden die vier Verwaltungsebenen Europäische Union, Bundesrepublik Deutschland, Bundesland Brandenburg sowie der Landkreis Potsdam Mittelmark thematisiert. Zu jeder Verwaltungsstufe erfolgt eine kurze Vorstellung von Historie und verschiedenen Fakten. Anschließend werden die Aufgaben der jeweiligen Verwaltungsstufe erläutert und von der jeweils darunterliegenden Verwaltungsstufe abgegrenzt. Diese Abgrenzung erfolgt aufgrund der Tatsache, dass angebotene Fördermittel nur im Rahmen des Aufgabenspektrums der jeweiligen Verwaltungsebene angeboten werden können. Abschließend werden zu jeder Verwaltungsstufe Förderungen aus den verschiedensten Bereichen vorgestellt.
Im dritten und letzten Kapitel werden Fördermöglichkeiten für die Stadt Bad Belzig eruiert. Als Einstieg und als Grundlage für die Eruierung dienen eine Einführung in die Geschichte der Stadt und deren Lage, sowie die Entwicklung

und Struktur in den Bereichen Verwaltung, Wirtschaft, Einwohner, öffentliche Einrichtungen und Bildungseinrichtungen. Hiernach werden Fördermittel vorgestellt, die auf das zuvor erstellte Profil der Stadt Bad Belzig zugeschnitten sind. Diese Fördermittel sind in ihrer Art und ihrem Umfang unterschiedlich dienen jedoch alle zur Unterstützung der kommunalen Aufgabe der Daseinsvorsorge.
Zum Abschluss dieser Arbeit wird noch einmal der Inhalt kurz zusammengefasst und eine Einschätzung des Autors gegeben.

1.2 Datenquellen

In dieser Arbeit wurden sowohl Fachliteratur als auch Online Quellen verwendet Die Fachliteratur wurde besonders im Bereich des Staats- und Verwaltungsrechts, sowie für die Erläuterung des Aufbaus der Verwaltung und der verschiedenen Verwaltungsebenen, verwendet. Der Großteil der in dieser Arbeit verwendeten Daten stammt aus Online Quellen des Bundesministeriums für Wirtschaft. Dieses bietet eine große Datenbank mit allen Fördermitteln der EU, des Bundes, aller Bundesländer und z. T. auch auf niedrigerer Verwaltungsebene. Insgesamt lassen sich aus dieser Datenbank zwischen 13 und 15 tausend Förderungen abrufen. Eine Herausforderung dieser Arbeit besteht darin, diese große Anzahl an potenziellen Fördermitteln auf ein überschaubares und auf das gewünschte Profil der Stadt Bad Belzig zugeschnittene Maß an Förderungen zuzuschneiden. Weiterhin werden Online Quellen verwendet, die zur Erläuterung von Fachbegriffen beitragen, sowie als Informationsgrundlage für statistische und empirische Werte.

1.3 Allgemeines zur Förderung

Im folgenden Kapitel werden zunächst einige allgemeine Informationen behandelt, welche als Grundlage für den weiteren Fortgang dienen sollen. Dabei wird als Erstes eine Einordung des Begriffes Förderung vorgenommen, sowie daran anknüpfende Begriffe wie Fördergeber, Förderart, Förderorganisation und Förderempfänger genauer klassifiziert und definiert.
Als nächstes wird auf die vier behandelten Verwaltungsebenen eingegangen und jede dieser vorgestellt und erläutert. Es wird dabei auf der obersten Ebene angefangen, um dann immer tiefer auf den Ebenen herabzusteigen, um dann

schlussendlich im praktischen Teil auf die Stadt Bad Belzig eingehen zu können. Die erste und oberste Ebene ist die Europäische Union (EU). Es wird die Geschichte der EU vorgestellt und anschließend eine Abgrenzung zwischen den Aufgaben der EU und der Bundesrepublik Deutschland (BRD) aufgezeigt, um danach verschiedene Förderprogramme auf EU Ebene vorzustellen.
Die darauffolgende Ebene ist die BRD. Hier wird zunächst die Verwaltungsstruktur vorgestellt um dann eine Abgrenzung zwischen den Aufgaben von Bund und Bundesland aufzuzeigen. Als letztes werden noch einige ausgewählte Förderungen auf Bundesebene vorgestellt. Die nächste vorgestellte Verwaltungsebene ist das Bundesland Brandenburg. Hier wird als Erstes das Land mit seinen Aufgaben und Zuständigkeiten erläutert und von der untersten hier behandelten Ebene – dem Landkreis – abzugrenzen. Schlussendlich wird die unterste Verwaltungsebene der Landkreis Potsdam- Mittelmark vorgestellt, inklusive der hier bereit gestellten Fördermöglichkeiten.

1.3.1 Verständnis von Förderung

In diesem Abschnitt sollen die verschiedenen Kriterien, welche eine Förderung charakterisieren, erläutert werden und eine Eingrenzung vorgenommen werden.

1.3.1.1 Definition

Der Begriff der „Förderung" wird in vielerlei Hinsicht verwendet. Die Verwendung erstreckt sich dabei auf verschiedene Bereiche und wird in seiner Bedeutung unterschiedlich verwendet. Förderung kann für folgende Bereiche stehen:

Als Finanzierungsmittel:[1]

- Finanzielle Unterstützung (Subvention)
- Finanzierung in der Forschung und Entwicklung
- Finanzielle Unterstützung von Bildungseinrichtungen und der Kunst
- Unterstützung von Personen im Sinn einer Ermutigung (Mentoring)
- Finanzhilfe in der Ausbildung (Stipendium)

Im Schulischen Bereich:[2]

- Individuelle Förderung (Schulpädagogisch)
- Unterstützung bei der Entwicklung von Fähigkeiten Hochbegabter
- Sonderpädagogische Förderung (Sonderschule)

[1] Vgl. Lahner, Neubert 2016, S. 6 ff.
[2] Vgl. Urselmann 2014, S. 356 ff.

- Berufspädagogische Maßnahmen (Benachteiligten Förderung)
- Unterstützung bei der Beseitigung von Lern- und Bildungsschwächen (Nachhilfe)

Sonstige:
- Förderung des Sports
- Förderung der Sinne
- Förderung von Erdöl
- Fördermittel als Technik in der Logistik
- Jahresförderung - Gesamtmenge eines Rohstoffes, der in einem Jahr produziert wurde, meist im Bergbau genutzt Jahresförderung
- Förderung des Pflanzenwachstums durch Dünger, im Sinne einer Unterstützung

In dieser Arbeit wird die Förderung als Finanzierungsmittel verstanden. Es wird dabei keine Unterscheidung zwischen Subventionen, Finanzierung von Forschung und Entwicklung und finanzieller Unterstützung von Bildungseinrichtungen / der Kunst im Einzelfall gemacht. Eine Unterscheidung erfolgt im Rahmen der zu einem späteren Zeitpunkt erläuterten Merkmale Förderart, Förderempfänger und Förderorganisation.

Im weiteren Verlauf dieser Arbeit wird ein Verständnis von Förderung verwendet, welches sich aus der folgenden Definition ableitet:

Öffentliche Fördermittel sind Zuwendungen aus dem Haushalt der öffentlichen Hand für juristische oder natürliche Personen, welche zur Verfügung gestellt werden, um bestimmte politische und / oder wirtschaftliche Ziele zu erreichen.[3]

1.3.1.2 **Fördergeber**

In diesem Abschnitt soll erläutert werden, wer Förderungen ausschreibt und durch wen diese bearbeitet und bewilligt werden. Dies soll für alle vier in dieser Arbeit behandelten Verwaltungsebenen aufgezeigt werden. Eine genauere Einordnung in die Aufgaben, Rechtsformen, Rechte und Pflichten der jeweils angesprochenen Organisationseinheiten bzw. Verwaltungseinheiten der jeweiligen Verwaltungsebenen EU, Bund, Bundesland und Landkreis, wird zu einem späteren Zeitpunkt, soweit notwendig, noch einmal im Einzelnen jeweils eingegangen.

---

3 Vgl. www.foerderland.de/gruendung/news-gruenderszene/artikel/staatliche-foerdermittel-fuer-existenzgruender-innen/

Europäische Union

Auf der Verwaltungsebene der Europäischen Union, ist das Organ der Europäischen Kommission dasjenige welche, das Fördermittel ausschreibt und freigibt. Die Europäische Kommission ist nach Art. 211 EGV[4] ein supranationales Organ, welches die Aufgaben der Exekutive wahrnimmt. Ihre Aufgaben werden durch Art. 17 EUV[5] sowie Art. 244 ff. AEUV[6] beschrieben. Die Europäische Kommission setzt den EU Haushalt und die beschlossenen Förderprogramme um. Unterstützt wird die Europäische Kommission durch Ministerien und Ämter in den jeweiligen Nationalstaaten der Mitgliedsländer. Diese Ministerien und Ämter führen zu einem Großteil die Prüfungen der Förderanträge durch und bewilligen diese im Zweifel dann auch. Diese Unterstützung wird in den jeweiligen Richtlinien zu den Förderungsprogrammen detailliert beschrieben, sodass ein expliziter Auftrag an die jeweiligen Ministerien und Ämter besteht. Einmal jährlich / alle zwei Jahre erfolgt durch Beamte der Europäischen Kommission eine Prüfung in diesen Ministerien und Ämtern, auf Einhaltung der Richtlinien und Gesetze zur Freigabe von Fördermitteln (siehe Art. 177 ff. AEUV).[7]

Bundesrepublik Deutschland

In der Bundesrepublik Deutschland werden Fördermittel durch verschiedenste Organisationseinheiten ausgeschrieben und vergeben. Diese Einheiten umfassen das gesamte Spektrum von Bundesbehörden und begrenzt sich nicht nur auf die bekannten Ministerien. In Deutschland werden Bundesbehörden nach Art. 86 GG in verschiedene Ebenen eingeteilt:[8]

1. Oberste Bundesbehörden

Diese oberste Verwaltungsebene umfasst 14 Ministerien und 11 andere Behörden[9] (z.B. die Bundestagsverwaltung, der Bundesrechnungshof und die deutsche Bundesbank). Die Obersten Bundesbehörden üben die Aufsicht über die Bundesoberbehörden sowie über 78 Körperschaften, 23 öffentlich-rechtliche Stiftungen und 35 Anstalten aus. Diese Aufsicht umfasst die Rechts- und Fachaufsicht.

[4] https://dejure.org/gesetze/EG/211.html
[5] https://dejure.org/gesetze/EU/17.html
[6] https://dejure.org/gesetze/AEUV/244.html
[7] https://dejure.org/gesetze/AEUV/177.html
[8] https://www.gesetze-im-internet.de/gg/art_86.html
[9] Stand Januar 2018

2. Obere Bundesbehörden

Die rund 70 Bundesoberbehörden bzw. Obere Bundesbehörden sind solche, die einem Bundesministerium unmittelbar nachgeordnet sind, selbst jedoch keine eigene Rechtsfähigkeit besitzen und keine nachgeordneten Behörden haben. Die Rechtsgrundlage für Ihre Aufstellung folgt aus Art. 87 Abs. 3 S. 1 GG.[10] Obere Bundesbehörden sind zumeist als sogenannte Bundesämter deklariert (z.B Bundesamt für Verfassungsschutz, Bundesnetzagentur, deutsches Patent- und Markenamt oder Bundeszentralamt für Steuern).

3. Bundesmittel- und Bundesunterbehörden

Die 36 Bundesmittelbehörden stehen nach Art. 87 GG[11] zwischen den Bundesministerien und der unteren Verwaltungsebene. Sie sind örtlich nur für Teile des Bundesgebiets zuständig. Die über 200 Bundesunterbehörden sind den Mittelbehörden nachgeordnet und nur für ein kleineres Gebiet zuständig (z. B. die Wasserstraßen- und Schifffahrtsämter).

4. Anstalten des öffentlichen Rechts (auf Bundes Ebene)

Eine Anstalt des öffentlichen Rechts ist nach Art. 87 Abs. 3 GG[12] eine mit einer öffentlichen Aufgabe betraute Institution, deren Aufgabe ihr gesetzlich oder satzungsmäßig zugewiesen worden ist (z.B. Kreditanstalt für Wiederaufbau [KfW] oder Versorgungsanstalt des Bundes).

Die beschriebenen Behörden, Ämter und Anstalten können Fördermittel selbst ausschreiben und bewilligen oder aber für z.B. Förderprogramme auf EU Ebene als Ansprechpartner und Prüfstelle dienen.

Bundesland

Auch auf Landesebene werden Fördermittel durch die verschiedensten Behörden und Anstalten vergeben und begrenzt sich nicht nur auf die Ministerien der obersten Verwaltungsstufe. Der Verwaltungsaufbau der Bundesländer ähnelt dabei sehr dem Aufbau auf Bundesebene. Es gibt Oberste, Obere, Mittlere und Untere Landesbehörden. Der Unterschied zur Bundesebene ist, dass nicht jedes Bundesland den gleichen Aufbau aufweist, sondern es Unterschiede in der Menge der Verwaltungsstufen gibt. So gibt es zwei-, drei- und vierstufige Verwaltungsaufbauten.[13]

---

[10] https://www.gesetze-im-internet.de/gg/art_87.html
[11] https://www.gesetze-im-internet.de/gg/art_87.html
[12] https://www.gesetze-im-internet.de/gg/art_87.html
[13] Vgl. Bogumil und Jann 2005: S. 47 ff.

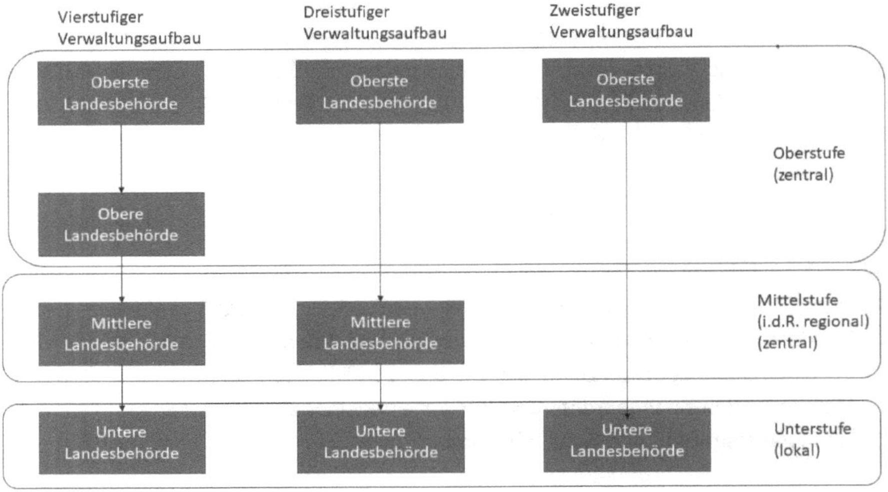

Abbildung 1 Verwaltungsaufbau, eigene Darstellung

Da die jeweiligen Verwaltungsstufen bereits zuvor erläutert wurden, wird an dieser Stelle darauf verzichtet. Die Aufgaben und die Struktur auf Landesebene sind analog zu den bereits zuvor geschilderten auf Bundesebene.
Darüber hinaus gibt es analog zur Bundesebene auch Anstalten des öffentlichen Rechts auf Landes Ebene, ebenfalls nach Art. 83 GG geregelt.[14] Beispiele für solche Anstalten auf Landesebene sind Sparkassen, Landesrundfunkanstalten, Bundesinstitut für Risikobewertung (BfR), Justizvollzugsanstalten, Bundesanstalt für Straßenwesen, Technisches Hilfswerk (THW).
Die beschriebenen Behörden, Ämter und Anstalten können Fördermittel selbst ausschreiben und bewilligen oder aber für z.B. Förderprogramme auf EU Ebene als Ansprechpartner und Prüfstelle dienen.

Landkreis

Die Organisationseinheit des Landkreises bzw. die Verwaltungsstufe Landkreis bildet nach kommunalrecht einen Gemeindeverband und verwaltet diesen durch eigene Behörden (z.B. Landratsamt, Kreisverwaltung etc.). Diese Behörden treten ebenfalls als Fördergeber in Erscheinung. So können durch die Behörden des Landkreises lokale und regionale Förderungen für die Daseinsvorsorge ausgeschrieben und bewilligt werden.

[14] https://dejure.org/gesetze/GG/83.html

1.3.1.3 Förderarten

In diesem Abschnitt wird erläutert, welche Möglichkeiten der finanziellen Förderung durch die öffentliche Hand existieren und wie diese sich gestalten.

Beteiligung

„Beteiligungskapital ist Eigenkapital, das Unternehmen von Beteiligungsgesellschaften oder anderen außenstehenden Geldgebern auf Zeit zur Verfügung gestellt wird. Dies kann entweder als Einlage in Form von Stamm- oder Grundkapital oder als stille Beteiligung am Unternehmen geschehen. Für Beteiligungskapital sind grundsätzlich keine Sicherheiten zu stellen. Beteiligungskapital kommt häufig bei der Finanzierung technologieorientierter Gründungen zum Einsatz."[15]

Bürgschaft

„Die Bürgschaft ist ein Vertragsverhältnis, durch das sich ein Bürge verpflichtet, dem Gläubiger gegenüber für die Erfüllung der Verbindlichkeiten eines Dritten einzustehen. Sofern keine selbstschuldnerische Bürgschaft vorliegt, kann der Bürge verlangen, dass der Gläubiger zunächst gegen den Hauptschuldner klagt. Bei einer selbstschuldnerischen Bürgschaft hat ein Bürge dieses Recht nicht. Der Bürge ist sofort zur Zahlung verpflichtet, wenn der Hauptschuldner bei Fälligkeit die verbürgte Verbindlichkeit nicht bezahlt."[16]

Darlehen

Überlassung von ausschließlich Geldmitteln oder anderen vertretbaren Sachen an einen Schuldner. Es gibt verzinsliche und zinslose Darlehen. I.d.R. handelt es sich bei einem Darlehen um einen langfristigen Kredit, der in einer Summe ausgezahlt wird.[17] Der Darlehensnehmer verpflichtet sich zu fristgerechten Zins- und Tilgungszahlungen, die meist auf einem Annuitäten- bzw. Tilgungsplan basieren.[18]

---

[15] Vgl. http://www.foerderdatenbank.de/Foerder-DB/Navigation/Finanzierung/finanzierungsbausteine,did=167358.html
[16] Vgl. http://www.foerderdatenbank.de/Foerder-DB/Navigation/Finanzierung/finanzierungsbausteine,did=171224.html
[17] Vgl. Noosten 2015: S. 75 ff.
[18] Vgl. http://www.foerderdatenbank.de/Foerder-DB/Navigation/foerderglossar.html

Garantie

„Das Einstehen für Mängel oder die Zahlungsfähigkeit anderer Personen. Im Detail Begriff mit vielen Bedeutungen, zumeist im Sinn von Mängelhaftung, auch von Bürgschaft.“ [19]

Zuschuss

Der Zuschuss ist ein Betrag, der jemandem zur Verfügung gestellt wird, um ihm bei der Finanzierung einer Sache zu helfen. Der Zuschuss muss nicht wie ein Darlehen zurückgezahlt werden, sondern ist in der Sache eher eine zweckgebundene Spende.

1.3.1.4 **Förderorganisationen**

In diesem Abschnitt werden die verschiedenen Organisationen erläutert, die einen Anteil am Prozess der Förderung haben, ohne dass diese selbst Fördergeber sind.

Beteiligungsgesellschaft

Beteiligungsgesellschaften produzieren nicht selbst; ihre wirtschaftliche Tätigkeit erstreckt sich auf die Verwaltung von Effekten sämtlicher von ihnen beherrschter Unternehmungen und zumeist Abstimmung von deren Produktionsprogrammen, soweit dies zur Marktbeeinflussung zweckmäßig erscheint. Die rechtliche Selbstständigkeit der Unternehmungen bleibt zumindest nach außen bestehen; außer der wirtschaftlichen Beherrschung über die Finanzierung wird eigene Planung und Entwicklung zugunsten aller zugehörigen Unternehmungen betrieben. [20]

Bürgschaftsbank

„Bürgschaftsbanken sind Selbsthilfeeinrichtungen der Wirtschaft für den Mittelstand. Sie übernehmen Ausfallbürgschaften für kurz-, mittel- und langfristige Kredite. Anteilseigner der Bürgschaftsbanken sind Handwerkskammern, Industrie- und Handelskammern, Kammern der Freien Berufe, Wirtschaftsverbände und Innungen. Gewerbliche Unternehmen und Freiberufler, denen beispielsweise für ein betriebswirtschaftlich sinnvolles Investitionsvorhaben wegen fehlender Sicherheiten kein oder kein ausreichender

---

[19] Vgl. http://wirtschaftslexikon.gabler.de/Archiv/4372/garantie-v12.html

[20] Vgl. http://wirtschaftslexikon.gabler.de/Archiv/1401/holdinggesellschaft-v10.html

Kredit gewährt werden würde, können Ausfallbürgschaften in Anspruch nehmen."[21]

Förderbank

„Förderbanken sind Institutionen, die Aufgaben der Wirtschaftsförderung wahrnehmen. Wirtschaftsförderinstitute sind i.d.R. nicht erwerbswirtschaftlich orientiert. Sie handeln überwiegend in öffentlichem Auftrag. Sie können als Teil der öffentlichen Verwaltung, z.B. kommunale Wirtschaftsförderungsgesellschaften (teils auch in privater Rechtsform der GmbH, aber in öffentlichem Besitz), oder Körperschaften oder Anstalten des öffentlichen Rechts sein. Sie sind häufig mit der Ausübung von Bankgeschäften betraut, wie z.B. die KfW, Landesaufbaubanken, oder Landesentwicklungsgesellschaften."[22]

Projektträger

Hierbei handelt es sich um Stellen, die außerhalb der Bundes- bzw. Landesverwaltung angesiedelt sind und z.B. im Namen und im Auftrag eines Ministeriums handeln (Verwaltungshelfer). Sie informieren und beraten zu einzelnen Forschungsbereichen und den hier bestehenden Fördermöglichkeiten. Die Beantragung von Fördermitteln wird in der Regel über sie abgewickelt. [23]

Sonstige

Weitere Organisationen, die einen Anteil am Förderungsprozess haben können ohne selbst Fördergeber oder Förderempfänger zu sein, sind z.B. Stiftungen und Interessenverbände / Lobby – Verbände. Diese können ebenfalls Förderempfänger bei der Beantragung und Organisation beraten / beistehen.

1.3.1.5 **Förderempfänger**

In diesem Abschnitt werden die verschiedenen Arten von Empfängern aufgelistet, um anschließend eine Eingrenzung vorzunehmen, auf welche Empfänger Kategorien sich in dieser Arbeit konzentriert wird. Die Eingrenzung ist notwendig aufgrund der Vielzahl an Fördermöglichkeiten auf allen Verwaltungsebenen, welche, bei detaillierter Bearbeitung aller Kategorien, den Umfang dieser Arbeit um ein Vielfaches überschreiten würden. Die Aufstellung der verschiedenen Kategorien von Förderempfängern wurde von den

[21] Vgl. http://www.foerderdatenbank.de/Foerder-DB/Navigation/foerderglossar.html?
[22] Vgl. http://wirtschaftslexikon.gabler.de/Archiv/72002/wirtschaftsfoerderinstitute-v6.html
[23] Vgl. http://www.foerderdatenbank.de/Foerder-DB/Navigation/foerderglossar.html?

verschiedenen Fördergebern / Förderorganisationen aufgestellt, sodass eine standardisierte Methodik bei der Erstellung von Ausschreibungen genutzt werden kann. Der Autor übernimmt diese Kategorisierung aufgrund der Tatsache, dass diese Einordnung als Standard festgesetzt wurde.

Bildungseinrichtung

Unter den Begriff „Bildungseinrichtung“ fallen alle Institutionen, in denen unterrichtet wird. Dies können sowohl private als auch öffentliche Einrichtungen sein. Beispielhaft zu nennen sind hier die Grund-, Gesamt-, Haupt-, Berufs-, und sonstigen weiterführenden Schulen zu nennen. Die Bildungseinrichtungen sind nicht auf solche Einrichtungen nur für Minderjährige oder Heranwachsende beschränkt, auch Institutionen wie Volkshochschulen, Abendschulen oder Einrichtungen für Erwachsenenbildung oder politische Bildung fallen hier runter.

Existenzgründer / in

Existenzgründer sind natürliche Personen, die eine gewerbliche oder selbstständige berufliche Tätigkeit aufnehmen (§ 513 BGB).[24] Der Existenzgründer wird beim Darlehensvermittlungsvertrag und beim Verbraucherdarlehen und sonstigen Finanzierungshilfen wie ein Verbraucher und nicht wie ein Unternehmer behandelt, es sei denn der Nettodarlehensbetrag oder Barzahlungspreis übersteigt 75.000 Euro.[25]

Forschungseinrichtung

Forschungseinrichtungen sind staatlich geförderte Einrichtungen für die Durchführung von Forschung und Entwicklung. Bekannte Forschungsorganisationen sind z.B. MPG, Fraunhofer, HGF und die Leibniz-Gemeinschaft, sowie die Akademien der Wissenschaften, die größtenteils in der Union der deutschen Akademien der Wissenschaften organisiert sind. Aus öffentlichen Mitteln werden auch weitere Einrichtungen wie Stiftungen und Vereine finanziert. Genannt sei hier die Max Weber Stiftung, die weltweit zehn Forschungsinstitute unterhält. Hinzu kommen das Wissenschaftskolleg zu Berlin, das Deutsche Zentrum für Hochschul- und Wissenschaftsforschung ebenso wie die mit der Max-Planck-Gesellschaft assoziierte Stiftung caesar. [26]

---

[24] https://dejure.org/gesetze/BGB/513.html

[25] Vgl. http://wirtschaftslexikon.gabler.de/Archiv/84851/existenzgruender-v11.html

[26] Vgl. http://www.bundesbericht-forschung-innovation.de/de/Ausseruniversitare-Forschungseinrichtungen-1654.html

Hochschule

Stätte für wissenschaftliche Forschung und Lehre, d.h. Weitergabe praktischer und theoretischer Kenntnisse in wissenschaftlicher Form an die Studierenden, an die bei Nachweis der erworbenen Kenntnisse und Fähigkeiten durch die vorgesehene Abschlussprüfung akademische Würden erteilt werden können. Laut Hochschulrahmen-Gesetz (HRG) obliegen der Hochschule die Aufgaben: Pflege der Wissenschaften und der Kunst; Grundlagenforschung; wissenschaftsbezogene Lehre zur Vorbereitung auf entsprechende Berufe; Dienstleistungen auf wissenschaftlicher Grundlage. [27] Hochschulen werden i.d.R. in der Rechtsform Körperschaft des öffentlichen Rechts betrieben und sind zugleich staatliche Einrichtungen (§58 HRG). [28]

Kommune

„Die Kommune ist eine politische und administrative Einheit mit eigenem Territorium. Die Gemeinden sind Träger der kommunalen Selbstverwaltung, die ihnen durch Art. 28 II GG[29] garantiert ist. Das Recht der Selbstverwaltung umfasst die eigenverantwortliche Regelung aller Angelegenheiten der örtlichen Gemeinschaft im Rahmen der Gesetze. Sie verfügen damit über die Personal-, Finanz-, Organisations-, Planungs-, Satzungs-, Gebiet- und Aufgabenhoheit. Gemeinden, kreisfreie Städte und kreisangehörige Städte werden unter dem Begriff Kommune zusammengefasst. Als Gebietskörperschaften sind die Kommunen juristische Personen öffentlichen Rechts mit eigener Verfassung, eigenem Haushalt und Dienstherrenfähigkeit. Die Wahrnehmung von Selbstverwaltungsangelegenheiten kann den Gemeinden durch Gesetz zur Pflicht gemacht werden (pflichtige Selbstverwaltungsangelegenheiten, z.B. Bauleitplanung, Haushaltsgestaltung). Zu den Pflichtaufgaben zählen bspw. die Bereitstellung von Kindergärten, Jugend- und Sozialhilfe, Gemeindestraßen, Wohngeld, Schulverwaltung, Förderung des Wohnungsbaus, Abfallbeseitigung und Abwasserbeseitigung. Darüber hinaus können Gemeinden auch freiwillige Aufgaben (freiwillige Selbstverwaltungsangelegenheiten) erbringen. Zu den freiwilligen Aufgaben zählen bspw. die Bereitstellung und der Betrieb von Museen, Schwimmbädern, Theatern, Grünanlagen, Bürgerhäusern, Wirtschaftsförderung, Jugendeinrichtungen oder Sportstätten. Für die Selbstverwaltungsaufgaben ist die Gemeindevertretung (Rat/Gemeinderat/Stadtrat) die höchste Entscheidungsinstanz. Daneben nehmen die Gemeinden Weisungsaufgaben wahr, die ihnen durch Gesetz zur

[27] http://wirtschaftslexikon.gabler.de/Archiv/8699/hochschule-v12.html
[28] http://www.buzer.de/s1.htm?a=58&g=HRG
[29] https://dejure.org/gesetze/GG/28.html

Erledigung nach Weisung zu übertragen sind."[30] „Nach Art. 83ff. GG[31] nehmen die Gemeinden Aufgaben als untere Verwaltungsinstanz des Bundes und Landes war. Hierzu gehören Aufgaben im Bereich Melderecht, Zivilschutz, Ordnungsrecht, Bauaufsichtsrecht und Ausländerangelegenheiten. Die rechtliche Struktur der Gemeinden (Kommunalverfassung) ist in den Gemeindeordnungen der Länder in unterschiedlicher Weise geregelt. Die von den Bürgern unmittelbar gewählte Gemeindevertretung (Rat) ist das oberste Gemeindeorgan. Als sog. Beschlussorgan entscheidet sie über alle wichtigen Angelegenheiten der Gemeinde, erlässt die Satzungen der Gemeinde und den Haushalt. Ausführendes Verwaltungsorgan ist der teils direkt gewählte Bürgermeister bzw. als Kollegialorgan der Magistrat oder der Stadtdirektor. Das Verwaltungsorgan bereitet die Beschlüsse der Gemeindevertretung vor, führt sie aus und ist für alle Geschäfte der laufenden Verwaltung zuständig." [32]

Öffentliche Einrichtung

„Öffentliche Einrichtung" ist eine sehr allgemeine, organisatorisch und rechtsformmäßig undefinierte Umschreibung einer öffentlichen Organisation. Im weitesten Sinne definiert als: „jede organisatorische Zusammenfassung von Personen oder Sachen, die von einer Kommune oder einem öffentlichen Träger im Rahmen ihrer/seiner Zuständigkeiten geschaffen wird und die dem vom Widmungszweck erfassten Personenkreis nach allgemeiner und gleicher Regelung zur Benutzung offensteht. Öffentliche Einrichtungen sind damit wesentliche organisatorische Mittel einer Kommune zur Erfüllung der Aufgaben der Daseinsvorsorge."[33]

Privat Person

Eine Privatperson ist eine natürliche Person, die nicht im Auftrag eines Unternehmens, einer Behörde (o. Ä.), oder einer anderen Person handelt.

Unternehmen

„Wirtschaftlich-rechtlich organisiertes Gebilde, in dem auf eine nachhaltig ertragsbringende Leistung gezielt wird, je nach der Art der Unternehmung erfolgt dies nach dem Prinzip der Gewinnmaximierung oder nach dem Angemessenheitsprinzip der Gewinnerzielung. Rechtlich bedeutsam ist die Ausdifferenzierung nach der verschiedenartig möglichen „Verfasstheit" des

---

[30] Vgl. Bogumil und Jann 2009: S. 65 ff.
[31] https://dejure.org/gesetze/GG/83.html
[32] http://wirtschaftslexikon.gabler.de/Archiv/6790/gemeinde-v14.html
[33] Fabry und Augsten 2011: S. 36

Unternehmens, insbesondere als Kapitalgesellschaft oder als Personengesellschaft." [34]

Verband / Vereinigung

Verbände sind Massenorganisationen, Interessen-, Fach-, Berufsvereinigungen, Standesorganisationen, in denen sich Personen zur Verfolgung gemeinsamer Ziele zusammenschließen. Sie sehen ihre Aufgabe darin, die jeweils besonderen Interessen ihrer Mitgliedschaft öffentlich zu machen und in den politischen Entscheidungsprozess einzubringen (Lobbyismus). Verbände sind idealerweise Repräsentanten gesellschaftlicher Vielfalt und als solche für die Vermittlung der Interessen zwischen Regierung, Parteien und Interessengruppen wichtig. [35]

1.3.2 Eingrenzung und Kategorisierung

Aufgrund der Tatsache, dass eine Bearbeitung der Thematik in Bezug auf alle genannten möglichen Förderempfänger-Gruppen sowohl einerseits den Rahmen dieser Arbeit stark überschreiten würde, als auch die Tatsache, dass nicht alle Förderempfänger-Gruppen eine Relevanz zu dem praktischen Anwendungsfall in Bezug auf die Stadt Bad Belzig aufweisen, ist der Autor an dieser Stelle dazu veranlasst, eine Eingrenzung vorzunehmen. Im weiteren Fortgang dieser Ausarbeitung wird der Autor sich ausschließlich auf die Förderempfänger Gruppen „Kommune", „Öffentliche Einrichtung" und „Bildungseinrichtung" beschränken. Die im Verlauf dieser Arbeit angesprochenen und vorgestellten Förderprogramme und Fördermittel können einen solchen Charakter haben, dass sie auch die hier nicht weiter berücksichtigten Förderempfänger Gruppen ansprechen können. In diesem Falle kann es dazu kommen, dass diese Tatsache erwähnt wird, es aber es nicht weiter darauf eingegangen wird. Es erfolgt keine Eingrenzung bei der Auswahl an Förderarten und Fördergebern. Es erfolgt eine Eingrenzung bei der Menge an vorgestellten Förderprogrammen. Unter den zuvor genannten Selektionsbedingungen konnte der Autor zusammengenommen ca. 280 Förderprogramme identifizieren. Dies umfasst alle vier Verwaltungsebenen EU, Bund, Land und Landkreis. Um nicht den Rahmen dieser Arbeit zu überschreiten wird dementsprechend nur eine Auswahl vorgestellt. Eine detaillierte Beschreibung und Möglichkeit zur Filterung und

---

[34] Vgl. http://wirtschaftslexikon.gabler.de/Archiv/2675/unternehmung-v18.html

[35] Vgl. http://www.bpb.de/apuz/29792/verbaende-und-lobbyismus

Suche nach Förderprogrammen, ist in Form einer selbst erstellten Datenbank der digitalen Version dieser Arbeit im Anhang anbei gefügt.
Rein inhaltlich / thematisch erfolgt eine Kategorisierung der Förderprogramme und Fördermittel in 17 Kategorien. Diese Kategorisierung erfolgte durch das Bundesministerium für Wirtschaft und Energie. Der Autor folgt dieser Kategorisierung, da dies ein nach Ansicht des Autors sinnvolles Merkmal / Kriterium bei der Durchsicht / Beurteilung von möglichen ansprechenden Förderprogrammen ist. Die Kategorien lauten wie folgt:

#	Kategorie
1	Arbeit
2	Aus- & Weiterbildung
3	Außenwirtschaft
4	Beratung
5	Energieeffizienz & erneuerbare Energien
6	Existenzgründung & -festigung
7	Forschung & Innovation
8	Gesundheit & Soziales
9	Infrastruktur
10	Kultur, Medien & Sport
11	Landwirtschaft & ländliche Entwicklung
12	Messen & Ausstellungen
13	Regionalförderung
14	Städtebau & Stadterneuerung
15	Umwelt & Naturschutz
16	Unternehmensfinanzierung
17	Wohnungsbau & -modernisierung

Tabelle 1 Thematische Kategorisierung von Förderprogrammen

2 Vorstellung der Verwaltungsebenen EU, Bund, Land und Landkreis, sowie deren Förderungen

2.1 Förderungen auf EU Ebene

In diesem Teil wird zunächst die Europäische Union vorgestellt, um anschließend die Aufgaben der EU abgrenzend von denen der Mitgliedsstaaten aufzuzeigen. Danach werden verschiedene Förderprogramme der EU vorgestellt, die sich aus dem Aufgabenspektrum der EU ableiten.

2.1.1 Was ist die EU – Vorstellung und Geschichte

2.1.1.1 Geschichte

Um die zahlreichen Auseinandersetzungen zwischen den europäischen Nachbarländern zu beenden, wurde die Europäischen Union geschaffen. Im Jahr 1950 begann mit der Europäischen Gemeinschaft (EG) für Kohle und Stahl die wirtschaftliche und politische Vereinigung der europäischen Länder zur Sicherung eines dauerhaften Friedens. Die sechs Gründerländer sind Belgien, Deutschland, Frankreich, Italien, Luxemburg und die Niederlande. Mit dem Vertrag von Rom, welcher 1957 unterzeichnet wurde, entstand die Europäische Wirtschaftsgemeinschaft (EWG). Der wirtschaftliche Aufschwung in den 1960er Jahren war Anlass für die Abschaffung der Zölle auf den Handel zwischen den EU-Mitgliedstaaten. Dies sollte die Wirtschaft noch weiter antreiben. Außerdem wurde beschlossen, die landwirtschaftliche Erzeugung gemeinsam zu organisieren, um alle Bürger ausreichend mit Lebensmitteln versorgen zu können. Im Jahr 1973 wurden Dänemark, Irland und das Vereinigte Königreich Mitglieder der Europäischen Union. Gleichzeitig erhielt das Europäische Parlament mehr Einfluss auf die EU-Politik zugesprochen. Seit 1979 können alle Bürger erstmals ihre Vertreter im Parlament direkt wählen. In den 1970er Jahren wurden die Maßnahmen gegen Umweltverschmutzung verstärkt, so wurden Vorschriften zum Schutz der Umwelt erlassen und das Verursacherprinzip eingeführt. 1981 wurde Griechenland 10. Mitglied der EU, 1986 folgte der Beitritt Spaniens und Portugals. Ebenfalls 1986 wurde die Einheitliche Europäische Akte unterzeichnet. Dieser Vertrag sollte ein Programm hervorbringen, welches sich mit den Schwierigkeiten bei grenzübergreifenden Handel innerhalb der EU befasste. Das Programm sollte hierzu Lösungen finden, welche letztendlich im heutigen Binnenmarkt mündeten. Die Kennzeichen dieses Binnenmarktes sind die vier Grundfreiheiten: freier Verkehr von Waren, Dienstleistungen, Personen und Kapital. Die in den 1990er Jahren folgenden die Verträge über die Europäische Union („Vertrag von Maastricht“) und der Vertrag von Amsterdam, stellen eine Anpassung der alten Verträge an neue Gegebenheiten dar, vor allem in Bezug auf die Osterweiterung im Nachgang zum Fall des eisernen Vorhanges. 1995 kommen drei weitere Mitgliedstaaten zur EU hinzu: Österreich, Finnland und Schweden. Gleichzeitig wird das Übereinkommen von Schengen getroffen, welches den Reisenden die Möglichkeit gibt, die Grenzen ohne Passkontrolle zu überqueren. Seit dem Jahr 2000 ist der Euro für viele EU-Bürger eine gemeinsame Währung. Nach dem Beitritt von insgesamt zehn neuen Staaten im Jahr 2004 sowie Bulgarien und Rumänien im Jahr 2007 können die politischen Gräben zwischen Ost und West als überwunden betrachtet werden. Im September 2008 wird die Weltwirtschaft von einer Finanzkrise erschüttert. Der Vertrag von Lissabon wird von allen EU-Mitgliedstaaten unterzeichnet und tritt im Jahr 2009 in Kraft. Durch ihn erhält die EU moderne Institutionen und effizientere Arbeitsverfahren. Die EU hilft nach der Weltwirtschaftskrise 2008 mehreren Ländern bei der Bewältigung ihrer Schwierigkeiten und gründet die Bankenunion, um für mehr Sicherheit und Zuverlässigkeit im Bankensektor zu sorgen. Im Jahr 2013 wird Kroatien der 28. EU-Mitgliedstaat.[36]

2.1.1.2 **Größe, Bevölkerung und Wirtschaft**

Auf einer Fläche von über 4 Mio. km² leben in der EU 508 Millionen Menschen. Flächenmäßig ist Frankreich das größte und Malta das kleinste Land der EU.[37] Die Wirtschaft der EU ist heute, am Waren- und Dienstleistungsverkehrs Volumen (BIP) gemessen, größer als die Wirtschaft der USA. Das BIP der EU betrug im Jahr 2015 ungefähr 14 600 Milliarden Euro. Es entfallen auf den Handel zwischen der EU und der restlichen Welt rund 20 % der weltweiten Ein- und Ausfuhren.[38]

2.1.1.3 **Verwaltungsaufbau**

Die EG bestand nach aus mehreren Organen mit verschiedenen Aufgaben. Nach Inkrafttreten des Vertrages von Lissabon wurden diese Aufgaben in die EU mit übernommen und z.T. angepasst oder leicht verändert. Die Kernaufgaben sind

---

[36] https://europa.eu/european-union/about-eu/history_de
[37] https://europa.eu/european-union/about-eu/figures/living_de
[38] https://europa.eu/european-union/about-eu/figures/economy_de

noch immer dieselben. Die Aufteilung der Aufgaben in Organe wird in Art. 7 EU-Vertrag geregelt. [39] Folgende Organe sind hiernach etabliert:

- Europäisches Parlament – die Mitglieder dieses Parlamentes werden von den Bürgern jedes Mitgliedsstaates gewählt. Es dürfen nach Art. 189 ff EGV nicht mehr als 751 Abgeordnete sein.[40]
- Rat der Europäischen Union – nach Art. 202 ff. EGV bestehen die Mitglieder dieses Rates aus allen Staats- oder Regierungschefs aller Mitgliedstaaten.[41]
- Europäische Kommission – die Kommission besteht aus 28 Kommissaren welche jeder ein eigenes Aufgabengebiet verwaltet. Die Aufgabengebiete, Rechte und Pflichten sind in Art. 211 ff. EGV geregelt.[42]
- Europäischer Gerichtshof – dieses Gericht besteht aus je einem Richter je Mitgliedsstaat, die Kompetenzen dieses Gerichtes sind in Art. 220 ff. EGV verankert.[43]
- Europäischer Rechnungshof – auch der Rechnungshof besteht aus je einem Mitglied aus jedem Mitgliedsstaat. Die Aufgaben, Rechte und Pflichten werden in Art. 246 ff. EGV geregelt.[44]

Diese Organe sind gleichzeitig für die gesamte Europäische Union tätig.

2.1.2 Aufgaben Bereiche der EU – Abgrenzung zu den Mitgliedstaaten (Bsp. BRD)

Der EU wurde von allen Mitgliedstaaten bestimmte Rechte und Pflichten abgetreten. Alle der Europäischen Union nicht in den Verträgen übertragenen Zuständigkeiten verbleiben gemäß Art. 5 EUV bei den Mitgliedstaaten. Für die Abgrenzung der Zuständigkeiten gilt der Grundsatz der sog. begrenzten Einzelermächtigung. Für die Ausübung gelten die Grundsätze der Subsidiarität und der Verhältnismäßigkeit. Nach dem Grundsatz der begrenzten Einzelermächtigung wird die Union nur innerhalb der Grenzen der Zuständigkeiten tätig, die die Mitgliedstaaten ihr in den Verträgen zur Verwirklichung der darin niedergelegten Ziele übertragen haben. Nach dem Subsidiaritätsprinzip wird die Union in den Bereichen, die nicht in ihre

---

[39] https://dejure.org/gesetze/EU/7.html
[40] https://dejure.org/gesetze/EG/249.html
[41] https://dejure.org/gesetze/EG/202.html
[42] https://dejure.org/gesetze/EG/211.html
[43] https://dejure.org/gesetze/EG/220.html
[44] https://dejure.org/gesetze/AEUV/246.html

ausschließliche Zuständigkeit fallen, nur tätig, sofern und soweit die verfolgten Ziele auf Unionsebene besser verwirklicht werden können als auf der Ebene der Mitgliedstaaten. Zugleich dürfen die Maßnahmen der EU nicht weiter gehen, als für die Ziele, die im EU-Vertrag genannt sind. Trotz dieser einschränkenden Grundsätze bedingt die EU-Rechtsetzung einen großen Teil auch der nationalstaatlichen Gesetzgebung: So sind in der Bundesrepublik Deutschland zwei Drittel aller im Bereich der Innenpolitik verabschiedeten Gesetze auf Initiativen oder Rechtsakte auf EU-Ebene zurückzuführen. [45] In der nachfolgenden Abbildung sind die Aufgaben der EU noch einmal im Detail aufgeführt. Die Zuständigkeiten wurden in drei Säulen aufgeteilt, die von links nach rechts, die Innenpolitik, die Außenpolitik und die Justiz umfassen.

Abbildung 2 Die drei Säulen der Europäischen Union[46]

[45] https://dejure.org/gesetze/EU/5.html
[46] https://www.eiz-rostock.de/die-vertraege-der-eu-der-maastrich-vertrag/

Die nachfolgend vorgestellten Förderprogramme der EU umfassen Themengebiete aus allen drei Säulen.

2.1.3 Förderprogramme

Förderprogramme der EU müssen, um förderfähig zu sein, immer auch EU-Dimensionen haben. Die EU-Kommission darf Projekte, die nur nationale oder regionale Bedeutung haben, nach dem Subsidiaritätsprinzip nicht fördern. In der Regel sind dazu also mehrere Partner aus mehreren Ländern notwendig. In einigen Programmen gibt es die Möglichkeit, dass Einzelanträge gefördert werden. Dies ist der Fall, wenn die zu erwartenden Ergebnisse später europaweit verbreitet werden oder aber der Förderempfänger nicht der Haupt-Nutznießer des geförderten Projektes ist. Dies können z.B. Technologien oder Internetdienste sein, die bereits auf nationaler oder regionaler Ebene genutzt werden und nun in Europa eingeführt werden. So erhält der Entwickler für z.B. eine neue Verwaltungssoftware zwar Fördergelder, da die spätere Nutzung später aber europaweit geschieht ist der „Gewinner" später der Nutzer, in diesem Fall Verwaltungsbehörden auf vielleicht nationaler oder internationaler Ebene. Die Förderprogramme der EU können nach der bereits zuvor in Kapitel 2.1.6 vorgestellten Kategorisierung unterteilt werden. Die bekanntesten und größten Förderprogramme aus einigen dieser Kategorien werden nachfolgend vorgestellt. Auf eine vollständige Vorstellung aller 52 ermittelten Förderprogramme wird an dieser Stelle verzichtet, da dies den Rahmen dieser Arbeit überschreiten würde.

2.1.3.1 **Bildung**

Lebenslanges Lernen ist eine Grundvoraussetzung für das Erreichen der Ziele der Europa-2020-Strategie. Die EU fördert Maßnahmen der Aus- und Weiterbildung hauptsächlich in dem Programm ERASMUS+. In ERASMUS+ sind alle europäischen Programme im Bereich des lebenslangen Lernens (Leonardo da Vinci, Erasmus, Comenius, Grundtvig) zusammengefasst. Ziel des Aktionsprogramms ist es, lebenslanges Lernen als Schlüsselelement einer Wissens- und Innovationsgesellschaft zu etablieren. Unternehmen können als Projektpartner teilnehmen und so z.B. Bildungsinhalte mitbestimmen, an Austauschprogrammen mit Hochschulen teilnehmen oder den Einsatz moderner Informations- und Kommunikationstechniken vorantreiben. Erasmus+ beinhaltet außerdem das frühere EU-Programm für Jugend sowie den neuen Bereich Sport.

Die Fördermaßnahmen von Erasmus+ werden so auf diese beiden Politikbereiche übertragen.

Erasmus+ – Programm für allgemeine und berufliche Bildung, Jugend und Sport (2014–2020)

Merkmal	Ausprägung
Förderart:	Zuschuss; Bürgschaft; Sonstige
Förderbereich:	Aus- & Weiterbildung
Fördergebiet:	EU
Förderberechtigte:	Bildungseinrichtung; Hochschule; Öffentliche Einrichtung; Privatperson; Verband/Vereinigung
Ansprechpartner:	Nationale Agentur Bildung für Europa; Deutscher Akademischer Austauschdienst (DAAD); Pädagogischer Austauschdienst der Kultusministerkonferenz (PAD); Nationale Agentur JUGEND für Europa; Exekutivagentur Bildung, Audiovisuelles und Kultur (EACEA); Europäische Kommission

Tabelle 2 Steckbrief Förderprogramm Erasmus+

„Das Programm bildet die Grundlage für die Förderung von Maßnahmen in den Bereichen allgemeine und berufliche Bildung, Jugend und Sport durch die Europäische Union in den Jahren 2014 bis 2020.

Schwerpunkte des Programms sind zum einen die allgemeine und berufliche Bildung im Sinne des lebenslangen Lernens, einschließlich Schulbildung (Comenius), Hochschulbildung (Erasmus), internationale Hochschulbildung (Erasmus Mundus), berufliche Aus- und Weiterbildung (Leonardo da Vinci) und Erwachsenenbildung (Grundtvig), zum anderen die Jugend (Jugend in Aktion), insbesondere im Kontext des nicht formalen und des informellen Lernens, sowie Sport, insbesondere Breitensport. Im Bereich allgemeine und berufliche Bildung werden folgende Maßnahmen unterstützt:

- Lernmobilität von Einzelpersonen, insbesondere Studierenden, Berufsschülern, Auszubildenden, Schülern und Lehrpersonal
- Zusammenarbeit zur Förderung von Innovation und zum Austausch von bewährten Verfahren, insbesondere strategische Partnerschaften
- Jean-Monnet-Aktivitäten zur Förderung der Lehre und Forschung zur europäischen Integration

Im Bereich Jugend werden gefördert:

- Lernmobilität von Einzelpersonen, insbesondere von jungen Menschen im Rahmen des Jugendaustauschs und des Europäischen Freiwilligendienstes

- Zusammenarbeit zur Förderung von Innovation und zum Austausch von bewährten Verfahren, insbesondere strategische Partnerschaften und IT-Plattformen

Im Bereich Sport werden gefördert:

- Kooperationspartnerschaften
- gemeinnützige europäische Sportveranstaltungen, an denen sich mehrere Programmländer beteiligen
- Dialog mit relevanten europäischen Beteiligten

Das Programm unterstützt auch die Zusammenarbeit zwischen der Union und Partnerländern (internationale Dimension). "[47]

2.1.3.2 **Umwelt und Energie**

LIFE – Programm für die Umwelt und Klimapolitik (2014–2020)

Merkmal	Ausprägung
Förderart:	Zuschuss
Förderbereich:	Infrastruktur; Umwelt- & Naturschutz
Fördergebiet:	EU
Förderberechtigte:	Kommune; Öffentliche Einrichtung; Verband/Vereinigung
Ansprechpartner:	Nationale Kontaktstellen LIFE; Exekutivagentur für kleine und mittlere Unternehmen (EASME); Europäische Kommission

Tabelle 3 Steckbrief Förderprogramm LIFE

„Das Programm bildet die Grundlage für Maßnahmen zur Förderung des Umwelt- und Klimaschutzes durch die Europäische Union in den Jahren 2014 bis 2020. LIFE besteht aus den Teilprogrammen „Umwelt" und „Klimapolitik".

Das Teilprogramm „Umwelt" umfasst die Schwerpunkte

- Umwelt und Ressourceneffizienz
- Natur und Biodiversität
- Verwaltungspraxis und Information im Umweltbereich

Das Teilprogramm „Klimapolitik" umfasst die Schwerpunkte

- Klimaschutz
- Anpassung an den Klimawandel
- Verwaltungspraxis und Information im Klimabereich

Es werden maßnahmenbezogene Zuschüsse für folgende Arten von Projekten gewährt:

- Pilotprojekte
- Demonstrationsprojekte

---

[47] http://www.foerderdatenbank.de/Foerder-DB/Navigation/Foerderrecherche/suche.html?get=85cec0e1848a70cb7bfdb8083cff0a08;views;document&doc=11607

- Best-Practice-Projekte
- integrierte Projekte
- Projekte der technischen Hilfe
- Projekte zum Kapazitätsaufbau
- Informations-, Sensibilisierungs- und Verbreitungsprojekte“[48]

2.1.3.3 Justiz

Justiz (2014–2020)

Merkmal	Ausprägung
Förderart:	Zuschuss
Förderbereich:	Aus- & Weiterbildung
Fördergebiet:	EU
Förderberechtigte:	Bildungseinrichtung; Öffentliche Einrichtung; Verband/Vereinigung
Ansprechpartner:	Europäische Kommission

Tabelle 4 Steckbrief Förderprogramm Justiz

„Die Europäische Union fördert Maßnahmen im Rahmen des Justiz - Förderprogrammes in den Jahren 2014 bis 2020, die zur Weiterentwicklung eines europäischen Rechtsraums beitragen. Ziele des Programms sind:

- die Erleichterung und Unterstützung der justiziellen Zusammenarbeit in Zivil- und Strafsachen
- die Förderung der internationalen juristischen Ausbildung
- die Förderung eines effektiven Zugangs zur Justiz für alle
- die Unterstützung von Initiativen auf dem Gebiet der Drogenpolitik in Bezug auf die Aspekte der justiziellen Zusammenarbeit und der Kriminalprävention

Mitfinanziert werden darüber hinaus Maßnahmen in den Bereichen:

- Aufklärung der Öffentlichkeit und Erweiterung ihrer Kenntnisse über das Unionsrecht und die Unionspolitiken
- Verbesserung der Umsetzung und Anwendung der Rechtsinstrumente der Union in den Mitgliedstaaten
- Förderung der grenzüberschreitenden Zusammenarbeit, Verbesserung der wechselseitigen Kenntnis und des wechselseitigen Verständnisses des Zivil- und des Strafrechts sowie der Rechts- und Justizsysteme der Mitgliedstaaten

---

[48] http://www.foerderdatenbank.de/Foerder-DB/Navigation/Foerderrecherche/suche.html?get=85cec0e1848a70cb7bfdb8083cff0a08;views;document&doc=11665

- Verbesserung der Effizienz der Justizsysteme und der gegenseitigen Zusammenarbeit mithilfe der Informations- und Kommunikationstechnologie“[49]

2.1.3.4 Medien und Kultur

Kreatives Europa (2014–2020)

Merkmal	Ausprägung
Förderart:	Zuschuss
Förderbereich:	Kultur, Medien & Sport
Fördergebiet:	EU
Förderberechtigte:	Unternehmen; Öffentliche Einrichtung; Verband/Vereinigung
Ansprechpartner:	Kreatives Europa-Desks Deutschland; Exekutivagentur Bildung, Audiovisuelles und Kultur (EACEA); Europäische Kommission

Tabelle 5 Steckbrief Förderprogramm Kreatives Europa

„Das Programm „Kreatives Europa“ bildet die Grundlage für die Förderung des Kultur- und Kreativsektors durch die Europäische Union in den Jahren 2014 bis 2020. Ziel des Programms ist es, die kulturelle und sprachliche Vielfalt Europas zu wahren, zu fördern und die Wettbewerbsfähigkeit des Kultur- und Kreativsektors zu stärken.

„Kreatives Europa“ besteht aus drei Förderbereichen:

- dem Unterprogramm MEDIA,
- dem Unterprogramm Kultur sowie
- einem sektorübergreifenden Aktionsbereich.

Im Unterprogramm MEDIA werden gefördert:

- die Entwicklung europäischer audiovisueller Werke, insbesondere Film- und Fernsehproduktionen,
- Aktivitäten, die europäische und internationale Koproduktionspartner zusammenbringen und/oder indirekte Unterstützung für koproduzierte audiovisuelle Werke bieten,
- besserer Zugang zu audiovisuellen Fachmessen und -märkten sowie stärkerer Einsatz von Online-Instrumenten für den Geschäftsverkehr inner- und außerhalb der Union,
- die Erleichterung der Verbreitung europäischer Filme weltweit und von internationalen Filmen in der Union,
- Initiativen, die die Vielfalt europäischer audiovisueller Werke präsentieren und fördern, wie Festivals und sonstige Förderveranstaltungen,

[49] http://www.foerderdatenbank.de/Foerder-DB/Navigation/Foerderrecherche/suche.html?get=85cec0e1848a70cb7bfdb8083cff0a08;views;document&doc=2606

- Aktivitäten, die die Filmkompetenz fördern und den Kenntnisstand und das Interesse des Publikums an europäischen audiovisuellen Werken erhöhen,
- innovative Maßnahmen für das Testen neuer Geschäftsmodelle und Instrumente in Bereichen, auf die sich die Einführung und der Einsatz von Digitaltechnik wahrscheinlich auswirken werden.

Im Unterprogramm Kultur werden gefördert:

- Projekte der länderübergreifenden Zusammenarbeit von Kultur- und Kreativorganisationen aus verschiedenen Ländern,
- Aktivitäten europäischer Netzwerke von Kultur- und Kreativorganisationen verschiedener Länder,
- literarische Übersetzung und ihre weitere Förderung,
- besondere Maßnahmen im Bereich der Kultur, darunter Kulturpreise der Union, die Initiative Kulturhauptstadt Europas und die Initiative Europäisches Kulturerbe-Siegel.“ [50]

2.1.3.5 Wirtschaft

Europäische Territoriale Zusammenarbeit – URBACT III (2014–2020)

Merkmal	Ausprägung
Förderart:	Zuschuss
Förderbereich:	Regionalförderung; Städtebau & Stadterneuerung
Fördergebiet:	EU
Förderberechtigte:	Forschungseinrichtung; Hochschule; Kommune; Öffentliche Einrichtung; Verband/Vereinigung
Ansprechpartner:	Deutscher Verband für Wohnungswesen, Städtebau und Raumordnung e.V.; URBACT-Sekretariat

Tabelle 6 Steckbrief Förderprogramm URBACT III

„URBACT ist ein europäisches Austausch- und Lernprogramm zur Förderung einer nachhaltigen Stadtentwicklung. Das Programm unterstützt Städte dabei, gemeinsam Lösungen für Herausforderungen zu erarbeiten. Es bekräftigt die Schlüsselrolle der Städte bei der Bewältigung wachsender, komplexer und sozialer Veränderungen.

Die konkrete Zusammenarbeit der Städte erfolgt im Rahmen von Netzwerken, an denen jeweils maximal acht bis zwölf Partner mitarbeiten. URBACT III verfolgt im Wesentlichen die gleichen Ziele wie seine Vorgängerprogramme URBACT I und URBACT II: Das Programm hilft Städten pragmatische Lösungen zu entwickeln,

---

[50] http://www.foerderdatenbank.de/Foerder-DB/Navigation/Foerderrecherche/suche.html?get=85cec0e1848a70cb7bfdb8083cff0a08;views;document&doc=12015

die innovativ und nachhaltig sind und zugleich auch eine wirtschaftliche, soziale sowie ökologische Dimension integrieren. Die fünf Kernziele sind:

- Stärkung von Forschung, technologischer Entwicklung und Innovation,
- Förderung der Bestrebungen zur Verringerung der CO_2 - Emissionen in allen Branchen der Wirtschaft,
- Erhaltung und Schutz der Umwelt sowie Förderung der Ressourceneffizienz,
- Förderung nachhaltiger und hochwertiger Beschäftigung und Unterstützung der Mobilität der Arbeitskräfte,
- Förderung der sozialen Inklusion und Bekämpfung von Armut und jeglicher Diskriminierung.“ [51]

2.1.3.6 Strukturfonds

Die Struktur- und Investitionsfonds (ESI)[52] der EU fördern den Abbau der Ungleichheiten zwischen den einzelnen Regionen. Sie unterteilen sich in fünf Einzelfonds: Regionalfonds (EFRE inkl. Europäische territoriale Zusammenarbeit/ETZ), Sozialfonds (ESF), Landwirtschaftsfonds (ELER inkl. Leader), Meeres- und Fischereifonds (EMFF) und Kohäsionsfonds.

Für die Förderung im Rahmen der ESI ist die Wirtschaftskraft der Region ausschlaggebend. Es werden drei Regionstypen unterschieden [53]

- Weniger entwickelte Regionen: BIP pro Kopf < 75% des EU-Durchschnitts, Budget 164 Mrd. EUR, 27% der EU-Bevölkerung
- Übergangsregionen: BIP pro Kopf 75 bis 90% des EU-Durchschnitts, Budget 32 Mrd. EUR, 12% der EU-Bevölkerung
- Höher entwickelte Regionen: BIP pro Kopf > 90% des EU-Durchschnitts, Budget 49 Mrd. EUR, 61% der Bevölkerung.

Ziele der europäischen Kohäsionspolitik sind die vier strategischen Wachstumsprioritäten "Innovation und Forschung", "Informations- und Kommunikationstechnologie", "Förderung der Wettbewerbsfähigkeit von kleinen und mittleren Unternehmen", sowie "CO_2 - arme Wirtschaft".

---

[51] http://www.foerderdatenbank.de/Foerder-DB/Navigation/Foerderrecherche/suche.html?get=85cec0e1848a70cb7bfdb8083cff0a08;views;document&doc=2549

[52] http://www.foerderdatenbank.de/Foerder-DB/Navigation/Foerderrecherche/suche.html?get=85cec0e1848a70cb7bfdb8083cff0a08;views;document&doc=2653

[53] http://www.foerderdatenbank.de/Foerder-DB/Navigation/Foerderwissen/eu-foerderung,did=230958.html

Europäischer Landwirtschaftsfonds für die Entwicklung des ländlichen Raums (ELER) (2014–2020)

Merkmal	Ausprägung
Förderart:	Zuschuss
Förderbereich:	Infrastruktur; Landwirtschaft & Ländliche Entwicklung; Regionalförderung
Fördergebiet:	EU
Förderberechtigte:	Unternehmen; Kommune; Öffentliche Einrichtung; Verband/Vereinigung
Ansprechpartner:	Bundesministerium für Ernährung und Landwirtschaft (BMEL); Deutsche Vernetzungsstelle Ländliche Räume (DVS); Europäische Kommission

Tabelle 7 Steckbrief Förderprogramm ELER

„Der Europäische Landwirtschaftsfonds für die Entwicklung des ländlichen Raums (ELER) bildet die Grundlage für die Förderung der ländlichen Räume durch die Europäische Union. Ziele des Fonds sind

- die Förderung der Wettbewerbsfähigkeit der Landwirtschaft,
- die Gewährleistung der nachhaltigen Bewirtschaftung der natürlichen Ressourcen und des Klimaschutzes,
- die ausgewogene räumliche Entwicklung der ländlichen Wirtschaft und der ländlichen Gemeinschaften.

Finanziert werden unter anderem folgende Maßnahmen:

- Wissenstransfer und Informationsmaßnahmen,
- Qualitätsregelungen für Agrarerzeugnisse und Lebensmittel,
- Entwicklung landwirtschaftlicher Betriebe und anderer Unternehmen, u.a. durch Existenzgründungsbeihilfen und Investitionen in die Schaffung und Entwicklung nichtlandwirtschaftlicher Tätigkeiten,
- Basisdienstleistungen und Dorferneuerung in ländlichen Gebieten,
- Investitionen in die Entwicklung von Waldgebieten und Verbesserung der Lebensfähigkeit von Wäldern,
- Aufforstung und Anlage von Wäldern,
- Einrichtung von Agrarforstsystemen,
- Investitionen in Techniken der Forstwirtschaft sowie in die Verarbeitung, Mobilisierung und Vermarktung forstwirtschaftlicher Erzeugnisse,
- Ökologischer bzw. biologischer Landbau,
- Tierschutz,
- Waldumwelt- und Klimadienstleistungen und Erhaltung der Wälder,

Einen weiteren Förderschwerpunkt bilden Maßnahmen zur lokalen Entwicklung, die von lokalen Aktionsgruppen initiiert und durchgeführt werden (LEADER-

Maßnahmen).“ [54] „LEADER steht für "Liaison Entre Actions de Développement de l'Économie Rurale" (Verbindung zwischen Aktionen zur Entwicklung der ländlichen Wirtschaft) und ist ein Methodischer Ansatz. In den sogenannten LEADER-Regionen können die Menschen Prozesse vor Ort mitgestalten. Lokale Aktionsgruppen (LAGs) bestimmen den LEADER-Prozess und sind damit Motor der regionalen Entwicklung. In der aktuellen Förderperiode gibt es bundesweit 321 LAGs; in ganz Europa sind es rund 2600 Regionen. Die Europäische Kommission hat einen Gemeinsamen Strategischen Rahmen (GSR) für alle Strukturfonds entwickelt um damit die Fonds einander anzunähern. Mit der Einführung des GSR entfällt der nationale Strategieplan, der bisher den Rahmen von ELER und damit auch LEADER geregelt hat. LEADER ist nun im GSR geregelt. Im Sinne des GSR wurde der Multifondsansatz eingeführt. Dieser sieht vor, dass lokale Entwicklungsstrategin der LEADER-Regionen über alle am GSR beteiligten Fonds umgesetzt werden können, nach dem Prinzip: ein Gebiet, eine Strategie, mehrere Finanzierungsquellen. Der LEADER-Ansatz wird unter dem weiter gefassten Namen Community-Led Local Development (CLLD, auf Deutsch: von der örtlichen Bevölkerung betriebene lokale Entwicklung) deutlicher.“ [55]

Europäischer Sozialfonds (ESF) (2014–2020)

Merkmal	Ausprägung
Förderart:	Zuschuss
Förderbereich:	Arbeit; Aus- & Weiterbildung
Fördergebiet:	EU
Förderberechtigte:	Existenzgründer/in; Unternehmen; Bildungseinrichtung; Kommune; Öffentliche Einrichtung; Verband/Vereinigung
Ansprechpartner:	zuständige Verwaltungsbehörden in Deutschland; Bundesministerium für Arbeit und Soziales (BMAS); Europäische Kommission

Tabelle 8 Steckbrief Förderprogramm ESF

„Der Europäische Sozialfonds (ESF) bildet das zentrale Finanzierungsinstrument der Europäischen Union für Investitionen in die Aus- und Weiterbildung sowie die Beschäftigung. Ziel des ESF ist es, zum wirtschaftlichen, sozialen und territorialen Zusammenhalt in der EU beizutragen.

Schwerpunkte des ESF sind:

- die Förderung nachhaltiger und hochwertiger Beschäftigung und die Unterstützung der Mobilität der Arbeitskräfte,

---

[54] http://www.foerderdatenbank.de/Foerder-DB/Navigation/Foerderrecherche/suche.html?get=85cec0e1848a70cb7bfdb8083cff0a08;views;document&doc=2622

[55] https://www.netzwerk-laendlicher-raum.de/leader/leader-2014-2020/

- die Förderung der sozialen Inklusion und die Bekämpfung von Armut und Diskriminierung,
- Investitionen in die Aus- und Weiterbildung,
- die Verbesserung der institutionellen Kapazitäten von Behörden und Interessenträgern und der effizienten öffentlichen Verwaltung.

Besonderes Gewicht legt der ESF auf die Förderung

- der Gleichstellung von Frauen und Männern,
- der Chancengleichheit und Nichtdiskriminierung,
- der sozialen Innovation und
- der transnationalen Zusammenarbeit.

Mindestens 20% der in jedem Mitgliedstaat zur Verfügung stehenden ESF-Mittel werden für das thematische Ziel „Förderung der sozialen Inklusion und Bekämpfung der Armut und Diskriminierung" bereitgestellt.
Mit der Beschäftigungsinitiative für junge Menschen wird im Rahmen des ESF die Bekämpfung der Jugendarbeitslosigkeit in Regionen der Union mit hoher Jugendarbeitslosigkeit unterstützt.“ [56]

Europäischer Fonds für regionale Entwicklung (EFRE) (2014–2020)

Merkmal	Ausprägung
Förderart:	Zuschuss
Förderbereich:	Infrastruktur; Regionalförderung; Unternehmensfinanzierung
Fördergebiet:	EU
Förderberechtigte:	Unternehmen; Kommune; Öffentliche Einrichtung; Verband/Vereinigung
Ansprechpartner:	zuständige Verwaltungsbehörden in Deutschland; Bundesministerium für Wirtschaft und Energie (BMWi); Europäische Kommission

Tabelle 9 Steckbrief Förderprogramm EFRE

„Aufgabe des Europäischen Fonds für regionale Entwicklung (EFRE) ist es, durch die Beseitigung von Ungleichheiten zwischen den verschiedenen Regionen den wirtschaftlichen, sozialen und territorialen Zusammenhalt in der Europäischen Union zu stärken.
Schwerpunkte der Förderung sind

- Verbesserung des Zugangs zu und der Qualität von Informations- und Kommunikationstechnologien,
- Stärkung der Wettbewerbsfähigkeit von kleinen und mittleren Unternehmen,

---

[56] http://www.foerderdatenbank.de/Foerder-DB/Navigation/Foerderrecherche/suche.html?get=85cec0e1848a70cb7bfdb8083cff0a08;views;document&doc=2651

- Verringerung der CO_2-Emissionen in allen Bereichen der Wirtschaft sowie Anpassung an den Klimawandel,
- Erhaltung und Schutz der Umwelt sowie Förderung der Ressourceneffizienz,
- Förderung von Nachhaltigkeit im Verkehr und Beseitigung von Engpässen in wichtigen Netzinfrastrukturen,
- Förderung der Beschäftigung und Unterstützung der Mobilität der Arbeitskräfte,
- Förderung der sozialen Inklusion und Bekämpfung von Armut und Diskriminierung,
- Verbesserung der institutionellen Kapazitäten und effektive öffentliche Verwaltung.

Besonderes Gewicht legt der EFRE zudem auf die Förderung der nachhaltigen Stadtentwicklung.“ [57]

Kohäsionsfonds (KF) (2014–2020)

Merkmal	Ausprägung
Förderart:	Zuschuss
Förderbereich:	Infrastruktur; Regionalförderung; Umwelt- & Naturschutz
Fördergebiet:	Sonstige
Förderberechtigte:	Öffentliche Einrichtung
Ansprechpartner:	Europäische Kommission

Tabelle 10 Steckbrief Förderprogramm Kohäsionsfond

„Der Kohäsionsfonds unterstützt die Mitgliedstaaten, deren Bruttonationaleinkommen (BNE) pro Einwohner unter 90% des EU-Durchschnitts liegt, bei der Verringerung ihres wirtschaftlichen und sozialen Rückstands und der Stabilisierung ihrer Wirtschaft.

Unterstützt werden entsprechend dem speziellen Investitions- und Infrastrukturbedarf der einzelnen Mitgliedstaaten

- Investitionen in die Umwelt, auch im Bereich der nachhaltigen Entwicklung und der Energie, sowie
- Investitionen in transeuropäische Verkehrsnetze (TEN-V).

Ziel ist es, zur Stärkung des wirtschaftlichen, sozialen und territorialen Zusammenhalts der Union beizutragen.“ [58]

---

[57] http://www.foerderdatenbank.de/Foerder-DB/Navigation/Foerderrecherche/suche.html?get=85cec0e1848a70cb7bfdb8083cff0a08;views;document&doc=2650

[58] http://www.foerderdatenbank.de/Foerder-DB/Navigation/Foerderrecherche/suche.html?get=85cec0e1848a70cb7bfdb8083cff0a08;views;document&doc=2654

Europäischer Meeres- und Fischereifonds (EMFF) (2014–2020)

Merkmal	Ausprägung
Förderart:	Zuschuss
Förderbereich:	Landwirtschaft & Ländliche Entwicklung
Fördergebiet:	EU
Förderberechtigte:	Unternehmen; Kommune; Öffentliche Einrichtung; Verband/Vereinigung
Ansprechpartner:	Bundesministerium für Ernährung und Landwirtschaft (BMEL); Europäische Kommission

Tabelle 11 Steckbrief Förderprogramm EMFF

„Der Fonds bildet die Grundlage für die Finanzierung der Gemeinsamen Fischereipolitik (GFP) der Europäischen Union in den Jahren 2014 bis 2020. Ziele des EMFF sind

- die Förderung einer ökologisch nachhaltigen, ressourcenschonenden, innovativen, wettbewerbsfähigen und wissensbasierten Fischerei und Aquakultur,
- die Unterstützung der Durchführung der Gemeinsamen Fischereipolitik durch Verbesserung der wissenschaftlichen Erkenntnisse und der Datengrundlage sowie durch Begleitung, Kontrolle und Durchsetzung der Vorschriften,
- die Steigerung der Beschäftigung und des territorialen Zusammenhalts in den von der Fischerei und der Aquakultur abhängigen Regionen an der Küste und im Binnenland,
- die Förderung der Verarbeitung und Vermarktung von Fischerei- und Aquakulturerzeugnissen,
- die Förderung der Durchführung der Integrierten Meerespolitik (IMP) der EU.“ [59]

[59] http://www.foerderdatenbank.de/Foerder-DB/Navigation/Foerderrecherche/suche.html?get=85cec0e1848a70cb7bfdb8083cff0a08;views;document&doc=2656

2.2 Förderungen auf Bundes Ebene

In diesem Kapitel wird zunächst die Verwaltungsstruktur der Bundesrepublik Deutschland erläutert, bevor eine Abgrenzung der Aufgaben zwischen Bund und Bundesland anhand der geltenden Gesetzgebung vorgenommen wird. Im Anschluss werden verschiedene Förderprogramme aus den jeweiligen Aufgaben Bereichen des Bundes vorgestellt.

2.2.1 Verwaltungsstruktur Bundesrepublik Deutschland

Die Bundesrepublik Deutschland ist nach Art. 20 GG ein „demokratischer und sozialer Bundesstaat".[60] Aus dieser Gesetzgebung folgt, dass Deutschland in einer föderalen Staatsorganisation aufgestellt ist. Der nach föderalem Prinzip geschlossene „Bund" besteht demnach aus mehreren Gliedstaaten.[61] Die Bundesrepublik Deutschland besteht aus 16 Bundesländern (Gliedstaaten), die über den Bundesrat an der Bundes - Gesetzgebung mitwirken. Der Bund ist unter anderem für Außenpolitik, Verteidigung und das Passwesen zuständig, die Länder unter anderem für Bildungs- und Kulturpolitik.[62] Eine detailliertere Aufschlüsselung der verschiedenen Aufgaben des Bundes und der Länder erfolgt im anschließenden Kapitel 2.3.2 .

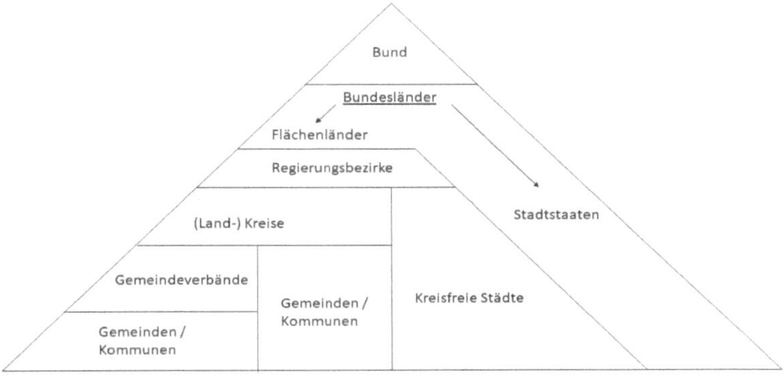

Abbildung 3 Verwaltungsaufbau Deutschland[63], eigene Darstellung

[60] https://www.gesetze-im-internet.de/gg/art_20.html
[61] Vgl. https://www.bundestag.de/service/glossar/glossar/F/foed_bundesst/245418
[62] Vgl. https://www.bundestag.de/service/glossar/glossar/F/foed_bundesst/245418
[63] Kein Bundesland hat den gleichen Verwaltungsaufbau. Die Abbildung zeigt alle bestehenden Möglichkeiten an Verwaltungsstufen, die in deutschen Bundesländern existieren.

Der Aufbau der Verwaltung auf den Stufen der Landesebene aus abwärts, sind von Bundesland zu Bundesland verschieden. Die Abbildung „Verwaltungsaufbau Deutschland" soll verdeutlichen, welche Möglichkeiten des Verwaltungsaufbaus (kumuliert) existieren. Wie in der Abbildung zu erkennen ist, ist die oberste Stufe der Bund, gefolgt, nach dem föderalistischen System, von den Bundesländern. Diejenigen Bundesländer, welche Stadtstaaten sind, haben keinerlei weitere Verwaltungsstufen als Stadtteile. Diejenigen Bundesländer, welche keine Stadtstaaten sind, werden hier als Flächenländer bezeichnet. Die Flächenländer können als nächste Verwaltungsstufe unter der Landesstufe sich in Regierungsbezirken organisieren, oder aber direkt in Landkreisen. Landkreise, oder in einigen Bundesländern auch nur Kreise genannt, lassen sich noch weiter untergliedern in Gemeinden oder in Gemeindeverbände, welche sich in einer nachfolgenden Stufe erst in Gemeinden aufteilen. Kreisfreie Städte sind hiervon ausgenommen, diese sind direkt entweder Regierungsbezirken oder dem Land unterstellt. Welche Organisationsstruktur im jeweiligen Bundesland gewählt wird, hängt von verschiedenen Faktoren ab, wie z.B. Bevölkerungsdichte und Größte des Bundeslandes. Das in dieser Arbeit thematisierte Bundesland Brandenburg ist als ein Flächenland organisiert, zunächst in Landkreisen und nachfolgend bzw. schlussendlich in Kommunen / Gemeinden. Neben den 14 Landkreisen und etlichen Kommunen gibt es in Brandenburg noch vier Kreisfreie Städte, welche direkt dem Land unterstellt sind.

2.2.2 Aufgaben Bund – Abgrenzung zum Bundesland

In diesem Kapitel sollen die Aufgaben des Bundes näher erläutert werden und die Abgrenzung zu den Aufgaben der Bundesländer aufgezeigt werden. Diese Erläuterung der jeweiligen Aufgaben – Rollen soll einerseits zeigen, welche Instanz für welche Aufgaben zuständig ist, andererseits kann anhand der Aufgaben gezeigt werden, welche Förderbereiche die jeweilige Instanz aufgrund der Aufgabenkompetenz unterstützt.

Die Aufgaben des Bundes sind in Artikel 87 ff. GG geregelt.[64] Hiernach liegen im Zuständigkeitsbereich des Bundes der Auswärtige Dienst, die Bundesfinanzverwaltung, die Verwaltung der Bundeswasserstraßen und der Schifffahrt, die Bundesgrenzschutzbehörden, Zentralstellen für das polizeiliche Auskunfts- und Nachrichtenwesen, die Kriminalpolizei und der Verfassungsschutz. Darüber hinaus werden durch bundesunmittelbare

---

[64] https://dejure.org/gesetze/GG/87.html

Körperschaften des öffentlichen Rechtes soziale Versicherungsträger geführt. Es handelt sich hier um solche sozialen Versicherungsträger, deren Zuständigkeitsbereich sich über das Gebiet eines Bundeslandes hinaus erstreckt.

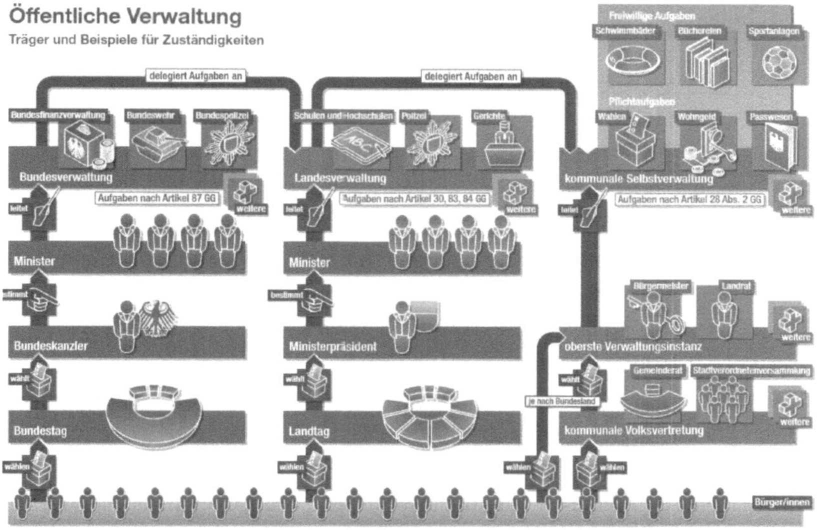

Abbildung 4 Öffentliche Verwaltung, Quelle: Bundeszentrale für Politische Bildung[65]

Wie auf der Abbildung „öffentliche Verwaltung" zu erkennen ist, gibt es eine strenge Trennung der Aufgaben auf den verschiedenen Verwaltungsstufen. Zu Zeiten der Implementierung des Grundgesetzes genügten für die Gewährleistung der Sicherheit im Innern und nach außen die "klassischen" Ministerien: Innen-, Außen-, Verteidigungs-, Justiz- und Finanzministerium, die schon 1809 durch die Preußische Verwaltungsreform des Freiherrn vom Stein geschaffen worden waren.[66] Heute spiegelt sich in der Zahl und den Zuständigkeiten der Minister die ständige Ausweitung der Staatsaufgaben wieder. Es gibt zurzeit 14 Bundesminister/innen mit eigenem Ressort und einen Bundesminister des Bundeskanzleramtes.[67] Die heutigen Ministerien und damit die Aufgaben des Bundes, umfassen heute zusätzlich noch Arbeit & Soziales, Bildung und Forschung, Ernährung und Landwirtschaft, Familie Senioren Frauen & Jugend,

[65] Bundeszentrale für politische Bildung, 2013, www.bpb.de
[66] Vgl. http://www.bpb.de/politik/grundfragen/deutsche-demokratie/39365/bundesregierung?p=all
[67] Stand Januar 2018

Gesundheit, Umwelt Naturschutz Bau und Reaktorsicherheit, Verkehr und digitale Infrastruktur, Wirtschaft und Energie, sowie wirtschaftliche Zusammenarbeit und Entwicklung. Wie bereits zuvor in Kapitel 2.1.2.2 geschildert, umfassen die Bundesministerien nur die Stufe der obersten Behörden. Die darunter angesiedelten oberen, mittleren und unteren Behörden tragen ebenfalls zum Aufgabenspektrum des Bundes bei. Bezieht man alle diesen Behörden mit ein, so ergibt sich folgende Auflistung[68] der Aufgaben des Bundes:

- Auslandsbeziehungen, Verteidigung, Regelungen zur Staatsangehörigkeit
- Melde- und Ausweiswesen
- Regelungen zur Erzeugung und Nutzung von Kernenergie
- Abwehr von Gefahren des internationalen Terrorismus
- Grundsatzfragen im Bereich des Währungs-, Geld- und Münzwesens
- Aufsicht über den Waren- und Zahlungsverkehr mit dem Ausland
- Überwachung des Luftverkehrs und des Verkehrs von Eisenbahnen
- Aufsicht über das Post- und Telekommunikationswesen
- Gesetzgebung im Bereich des gewerblichen Rechtsschutzes, des Urheberrechts und des Verlagsrechts
- Gesetzgebung im Bereich bürgerliches Recht und Strafrecht
- soziale Sicherung durch Arbeitsvermittlung, Regelungen zur Sozialversicherung
- Bau und Unterhalt von Bundes- und Landstraßen sowie Autobahnen für den Fernverkehr, darüber hinaus die Gesetzgebung im Bereich der Straßenverkehrsordnung
- Regelungen zur Abfallbeseitigung, der Luftreinhaltung und der Lärmbekämpfung
- Maßnahmen gegen übertragbare Krankheiten bei Mensch und Tier
- Zulassung zu ärztlichen Berufen
- Gesetzgebung zu Arzneien und Betäubungsmittel
- Naturschutz, Landschaftspflege

Die hier aufgelisteten Aufgaben des Bundes zeigen auf, in welche Richtungen die Förderungen des Bundes unterstützen können. Die hier aufgelisteten Aufgaben zeigen aber ebenfalls die Grenzen der Zuständigkeiten des Bundes auf, welche dann durch die Aufgaben der Länder zum Beispiel im Bereich Kultur Sport, Bildung und Länder Gesetzgebung / Rechtsprechung ergänzt werden.

---

[68] Vgl. https://www.brandeins.de/magazine/brand-eins-wirtschaftsmagazin/2006/ortsbestimmung/was-machen-eigentlich-bund-laender-und-kommunen

2.2.3 Förderbereiche des Bundes

Nach Art. 104b GG[69] kann der Bund, soweit dieses Grundgesetz ihm Gesetzgebungsbefugnisse verleiht, den Ländern Finanzhilfen für besonders bedeutsame Investitionen der Länder und der Gemeinden (Gemeindeverbände) gewähren, die

1. zur Abwehr einer Störung des gesamtwirtschaftlichen Gleichgewichts oder
2. zum Ausgleich unterschiedlicher Wirtschaftskraft im Bundesgebiet oder
3. zur Förderung des wirtschaftlichen Wachstums dienen.

Im Folgenden werden verschiedene Maßnahmen des Bundes aus den unterschiedlichen Bereichen vorgestellt. Es wird hierbei jeweils nur eine beispielhafte Fördermaßnahme bzw. ein beispielhaftes Förderprogram je Bereich vorgestellt. Eine vollständige Auflistung aller Maßnahmen ist im Anhang der digitalen Version enthalten, da eine vollständige Aufführung aller 138 ermittelten Maßnahmen auf Bundes Ebene an dieser Stelle den Rahmen dieser Arbeit überschreiten würde.

2.2.3.1 **Arbeit**

Arbeitsmarktprogramm Flüchtlingsintegrationsmaßnahmen

Merkmal	Ausprägung
Förderart:	Zuschuss
Förderbereich:	Arbeit; Gesundheit & Soziales
Fördergebiet:	Bund
Förderberechtigte:	Kommune; Öffentliche Einrichtung; Verband/Vereinigung
Ansprechpartner:	Bundesagentur für Arbeit (BA)

Tabelle 12 Steckbrief Förderung Arbeitsmarktprogramm Flüchtlingsintegrationsmaßnahmen

„Diese Fördermaßnahme der Bundesregierung unterstützt die Schaffung von Arbeitsgelegenheiten für Leistungsberechtigte nach dem Asylbewerberleistungsgesetz (AsylbLG). Gefördert werden

- „interne" Flüchtlingsintegrationsmaßnahmen: Arbeitsgelegenheiten, die durch Träger von Aufnahmeeinrichtungen oder vergleichbare Einrichtungen zur Aufrechterhaltung und Betreibung der Einrichtung zur Verfügung gestellt werden

[69] https://dejure.org/gesetze/GG/104b.html

- „externe" zusätzliche Flüchtlingsintegrationsmaßnahmen: Arbeitsgelegenheiten, die von staatlichen, kommunalen oder gemeinnützigen Trägern zur Verfügung gestellt werden, sofern die zu leistende Arbeit sonst nicht oder nicht in diesem Umfang oder Zeitpunkt verrichtet werden würde

Ziel ist es, Flüchtlingen bereits vor Abschluss des Asylverfahrens an den deutschen Arbeitsmarkt heranzuführen und Einblicke in das berufliche und gesellschaftliche Leben in Deutschland zu bieten." [70]

2.2.3.2 **Aus- & Weiterbildung**

Digitale Medien in der beruflichen Bildung

Merkmal	Ausprägung
Förderart:	Zuschuss
Förderbereich:	Aus- & Weiterbildung; Forschung & Innovation (themenspezifisch)
Fördergebiet:	Bund
Förderberechtigte:	Unternehmen; Bildungseinrichtung; Forschungseinrichtung; Hochschule; Verband/Vereinigung
Ansprechpartner:	Förderberatung Forschung und Innovation des Bundes; DLR Projektträger

Tabelle 13 Steckbrief Förderung Digitale Medien in der beruflichen Bildung

„Mit Mitteln aus dem Europäischen Sozialfonds (ESF) werden in dieser Förderung der Einsatz digitaler Medien, von Web 2.0-Technologien und mobilen Anwendungen in der Aus- und Weiterbildung gefördert. Gefördert werden Projekte zur Entwicklung mediengestützter Qualifizierungsangebote im Rahmen staatlich anerkannter Ausbildungsberufe und der geregelten Fortbildung. Ziel ist es, die Potenziale der digitalen Medien zu nutzen, um strukturelle Reformen in der beruflichen Bildung zu unterstützen und den Markt der beruflichen Weiterbildung zu stimulieren." [71]

---

[70] Vgl. http://www.foerderdatenbank.de/Foerder-DB/Navigation/Foerderrecherche/suche.html?get=cfe83fe3d799dee3f388b5e8753bf9a1;views;document&doc=13121

[71] Vgl. http://www.foerderdatenbank.de/Foerder-DB/Navigation/Foerderrecherche/suche.html?get=cfe83fe3d799dee3f388b5e8753bf9a1;views;document&doc=8287

2.2.3.3 Beratung

Förderung von Beratungen zum Energiespar - Contracting

Merkmal	Ausprägung
Förderart:	Zuschuss
Förderbereich:	Beratung; Energieeffizienz & Erneuerbare Energien; Infrastruktur
Fördergebiet:	Bund
Förderberechtigte:	Unternehmen; Kommune; Öffentliche Einrichtung; Verband/Vereinigung
Ansprechpartner:	Bundesamt für Wirtschaft und Ausfuhrkontrolle (BAFA)

Tabelle 14 Steckbrief Förderung von Beratungen zum Energiespar - Contracting

„Das Bundesministerium für Wirtschaft und Energie (BMWi) fördert objektive und unabhängige Beratung für Kommunen zum Energiespar - Contracting. In einem ersten Schritt wird der Liegenschaftsbestand auf Contracting geeignete Effizienzmaßnahmen überprüft, um in einem weiteren Schritt die Umsetzung des Energiespar - Contractings durch einen Experten zu begleiten. Im Einzelnen werden gefördert

- Orientierungsberatung: Erstanalyse der vorhandenen Immobilien Liegenschaften oder Anlagen und Entwicklung von Handlungsempfehlung für das Energiespar - Contracting und das Energieliefer - Contracting
- Umsetzungsberatung: Beratung bei der Umsetzung eines Energiespar - Contractings
- Ausschreibungsberatung: Beratung zur Erstellung einer Leistungsbeschreibung für eine öffentliche Ausschreibung

Ziel ist es, Kommunen bei der Erschließung bestehender Energiesparpotentiale zu unterstützen, die Energiekosten zu senken.“ [72]

2.2.3.4 Energieeffizienz & Erneuerbare Energien

Klimaschutzinitiative – Kommunale Klimaschutz-Modellprojekte

Merkmal	Ausprägung
Förderart:	Zuschuss
Förderbereich:	Energieeffizienz & Erneuerbare Energien; Infrastruktur; Umwelt- & Naturschutz
Fördergebiet:	Bund
Förderberechtigte:	Unternehmen; Hochschule; Kommune; Öffentliche Einrichtung; Verband/Vereinigung
Ansprechpartner:	Projektträger Jülich (PtJ)

Tabelle 15 Steckbrief Förderung Klimaschutzinitiative – Kommunale Klimaschutz-Modellprojekte

„Dieses Förderprogramm unterstützt auf der Grundlage der nationalen Klimaschutzinitiative wegweisende Modellprojekte im kommunalen Klimaschutz,

[72] Vgl. http://www.foerderdatenbank.de/Foerder-DB/Navigation/Foerderrecherche/suche.html?get=cfe83fe3d799dee3f388b5e8753bf9a1;views;document&doc=12387

die durch Treibhausgasminderung einen wichtigen Beitrag zur schrittweisen Erreichung der Klimaneutralität von Kommunen leisten. Gefördert werden Einzel- und Verbundprojekte in folgenden Handlungsfeldern:

- Abfallentsorgung
- Abwasserbeseitigung
- Energie- und Ressourceneffizienz
- Grün in der Stadt

Ziel ist es, eine direkte, weitreichende Treibhausgasminderung im Rahmen der Projekte zu erreichen und damit einen beispielhaften Beitrag zu den Klimaschutzzielen der Bundesregierung zu leisten.“ [73]

2.2.3.5 Existenzgründung & -festigung

Förderung des Know-how-Transfers im Handwerk

Merkmal	Ausprägung
Förderart:	Zuschuss
Förderbereich:	Beratung; Existenzgründung & -festigung; Forschung & Innovation (themenoffen); Unternehmensfinanzierung
Fördergebiet:	Bund
Förderberechtigte:	Existenzgründer/in; Unternehmen; Öffentliche Einrichtung; Verband/Vereinigung
Ansprechpartner:	Zentralverband des Deutschen Handwerks (ZDH); zuständige Handwerkskammer (HWK); Fachverbände des Handwerks

Tabelle 16 Steckbrief Förderung des Know-how-Transfers im Handwerk

„Diese Förderung zielt auf den Erhalt und den Ausbau des Informations-, Beratungs- und Technologietransfernetzwerkes der Handwerksorganisationen sowie Qualifizierungsmaßnahmen der Stelleninhaber des Netzwerks ab. Gefördert werden hier drei ineinandergreifende Module:

- Betriebsberatungsstellen zur Beratung von Handwerksbetrieben und Existenzgründern in allen Fragen der Unternehmensführung, der strategischen Weiterentwicklung und der Innovationstätigkeit
- Beauftragte für Innovation und Technologie zur systematischen Steigerung der Innovationsbereitschaft und -fähigkeit sowie Verbesserung des Wissens- und Technologietransfers ins Handwerk
- Gewerbespezifische Informationstransferstellen zur technischen und betriebswirtschaftlichen Fortbildung insbesondere der Meister und Gesellen zur Erhaltung und Steigerung der Leistungsfähigkeit des Handwerks

[73]Vgl. http://www.foerderdatenbank.de/Foerder-DB/Navigation/Foerderrecherche/suche.html?get=cfe83fe3d799dee3f388b5e8753bf9a1;views;document&doc=12583

Ziel ist es, kleinen und mittleren Unternehmen des Handwerks die Anpassung an den wirtschaftlichen und technischen Fortschritt zu erleichtern und zu stärken.“[74]

2.2.3.6 Forschung & Innovation

Förderung der bilateralen Forschungskooperation und des Wissensaustausches für internationale nachhaltige Waldbewirtschaftung

Merkmal	Ausprägung
Förderart:	Zuschuss
Förderbereich:	Forschung & Innovation (themenspezifisch); Landwirtschaft & Ländliche Entwicklung; Umwelt- & Naturschutz
Fördergebiet:	Bund
Förderberechtigte:	Unternehmen; Forschungseinrichtung; Hochschule; Öffentliche Einrichtung; Verband/Vereinigung
Ansprechpartner:	Bundesanstalt für Landwirtschaft und Ernährung (BLE)

Tabelle 17 Steckbrief Förderung bil. Forschungskooperation und Wissensaustausches für int. nachhaltige Waldbewirtschaftung

„Das Bundesministerium für Ernährung und Landwirtschaft (BMEL) unterstützt die forstliche Forschungszusammenarbeit mit Drittstaaten und die Weitergabe von praxisbewährtem Know-how im Forstbereich. Gefördert werden Maßnahmen in folgenden Förderschwerpunkten:

- bilaterale forstliche Forschungsprojekte
- forstwissenschaftlicher Austausch und Projektanbahnung
- Wissensweitergabe (in Deutschland und in den Partnerländern)

Ziel ist es, die Nutzung der Wälder weltweit auf eine nachhaltige Waldbewirtschaftung umzustellen, um der fortschreitenden Entwaldung und Degradierung des Waldes entgegenzuwirken.“[75]

2.2.3.7 Gesundheit & Soziales

Förderung der Partizipation von Menschen mit Behinderungen und ihrer Verbände an der Gestaltung öffentlicher Angelegenheiten

Merkmal	Ausprägung
Förderart:	Zuschuss
Förderbereich:	Gesundheit & Soziales
Fördergebiet:	Bund
Förderberechtigte:	Öffentliche Einrichtung; Verband/Vereinigung
Ansprechpartner:	Gesellschaft für soziale Unternehmensberatung mbH (gsub); Bundesministerium für Arbeit und Soziales (BMAS)

Tabelle 18 Steckbrief Förderung der Partizipation von Menschen mit Behinderungen und ihrer Verbände an der Gestaltung öffentlicher Angelegenheiten

---

[74] Vgl. http://www.foerderdatenbank.de/Foerder-DB/Navigation/Foerderrecherche/suche.html?get=3c34822b15c59c1939972cadcf02849b;views;document&doc=13310

[75] Vgl. http://www.foerderdatenbank.de/Foerder-DB/Navigation/Foerderrecherche/suche.html?get=3c34822b15c59c1939972cadcf02849b;views;document&doc=13118

„Diese Maßnahmenförderung leistet Unterstützung bei Projekten, die die Fähigkeiten und Möglichkeiten von Menschen mit Behinderungen zur Teilhabe an der Gestaltung öffentlicher Angelegenheiten verbessern. Gefördert werden

- Maßnahmen, durch die ehrenamtliche und hauptamtliche Kräfte von Organisationen Kompetenzen und praktische Erfahrungen für die Interessenvertretung vermittelt werden
- die Jugendarbeit und Maßnahmen zur Potenzialentwicklung von Nachwuchskräften
- Maßnahmen, die der Weiterentwicklung und Strukturverbesserung der Organisationen und technischen Infrastruktur dienen
- Assistenzkräfte für Mitglieder Organisationen, die für ihre ehrenamtliche Tätigkeit, wegen ihrer Behinderung, Assistenz benötigen

Ziel ist es, Verbänden von Menschen mit Behinderungen, insbesondere Selbstvertretungsorganisationen, eine aktive und umfassende Teilhabe an der Gestaltung öffentlicher Angelegenheiten und die Partizipation von Menschen mit Behinderungen an politischen Entscheidungsprozessen zu ermöglichen.“[76]

2.2.3.8 **Infrastruktur**

Städtebauförderung

Merkmal	Ausprägung
Förderart:	Zuschuss
Förderbereich:	Infrastruktur; Städtebau & Stadterneuerung
Fördergebiet:	Bund
Förderberechtigte:	Kommune
Ansprechpartner:	Antrag annehmende Stellen in den einzelnen Bundesländern; Bundesministerium für Umwelt, Naturschutz, Bau und Reaktorsicherheit (BMUB)

Tabelle 19 Steckbrief Förderung Städtebauförderung

„Im Rahmen der Städtebauförderung werden Finanzhilfen für Investitionen in die Erneuerung und Entwicklung der Städte und Gemeinden bereitgestellt. Gefördert werden städtebauliche Maßnahmen, die der zukunftsfähigen und nachhaltigen Stadt- und Ortsentwicklung dienen und die Funktion der Städte als Wirtschafts- und Wohnstandort stärken. Mitfinanziert werden:

- städtebauliche Maßnahmen der Sozialen Stadt zur Stabilisierung und Aufwertung insb. benachteiligter Stadt- und Ortsteile zur Schaffung von mehr Generationengerechtigkeit, Familienfreundlichkeit und sozialem Zusammenhalt

[76] Vgl. http://www.foerderdatenbank.de/Foerder-DB/Navigation/Foerderrecherche/suche.html?get=3c34822b15c59c1939972cadcf02849b;views;document&doc=13246

- Stadtumbaumaßnahmen, die der frühzeitigen Anpassung städtebaulicher Strukturen an die Entwicklung von Bevölkerung und Wirtschaft dienen
- Maßnahmen des städtebaulichen Denkmalschutzes in den alten und den neuen Ländern zur Sicherung einzelner Baudenkmäler sowie zum Erhalt und zur Revitalisierung historischer Innenstädte in ihrer baulichen und strukturellen Gesamtheit
- Maßnahmen zur Stärkung der zentralen Versorgungsbereiche von Stadt- und Ortsteilzentren, die durch Funktionsverluste, insbesondere gewerblichen Leerstand bedroht oder betroffen sind
- Städte und Gemeinden in dünn besiedelten, ländlichen, von Abwanderung bedrohten oder vom demografischen Wandel betroffenen Räumen zur Sicherung und Stärkung der öffentlichen Daseinsvorsorge

  Ziel ist es, den Erhalt und die Modernisierung von Gebäuden, die Revitalisierung von Zentren und Nebenzentren sowie eine Verbesserung des Wohnumfeldes, insbesondere durch Barrierefreiheit, zu ermöglichen.“ [77]

2.2.3.9 Kultur, Medien & Sport

Förderung gesamtstaatlich bedeutsamer Modellvorhaben der kulturell-künstlerischen Vermittlungsarbeit

Merkmal	Ausprägung
Förderart:	Zuschuss
Förderbereich:	Kultur, Medien & Sport
Fördergebiet:	Bund
Förderberechtigte:	Bildungseinrichtung; Kommune; Öffentliche Einrichtung; Verband/Vereinigung
Ansprechpartner:	Die Beauftragte der Bundesregierung für Kultur und Medien (BKM)

Tabelle 20 Steckbrief Förderung gesamtstaatlich bedeutsamer Modellvorhaben der kulturell-künstlerischen Vermittlungsarbeit

„In diesem Förderprogramm werden Modellvorhaben der kulturell-künstlerischen Vermittlungsarbeit gefördert, die gesamtstaatlich bedeutsam sind. Gefördert werden insbesondere:

- bundesweit vorbildliche kunstvermittelnde Vorhaben
- zeitlich begrenzte strukturbildende Maßnahmen im bundesweiten Maßstab
- beratende oder qualifizierende Maßnahmen

---

[77] Vgl. http://www.foerderdatenbank.de/Foerder-DB/Navigation/Foerderrecherche/suche.html?get=cfe83fe3d799dee3f388b5e8753bf9a1;views;document&doc=10331

- sonstige Maßnahmen, die der Verbesserung der Qualität der kulturellen und inklusiven Bildungs- und Vermittlungsarbeit dienen

Ziel ist die Unterstützung qualifizierter Kulturvermittlung sowie die Entwicklung und Erprobung neuer methodischer Ansätze, um den Zugang zu kulturellen Angeboten zu erleichtern sowie Aktivitäten im Bereich der kulturellen Bildung und der kulturellen Integration zu stärken.“ [78]

2.2.3.10 **Landwirtschaft & ländliche Entwicklung**

Nachwachsende Rohstoffe

Merkmal	Ausprägung
Förderart:	Zuschuss
Förderbereich:	Energieeffizienz & Erneuerbare Energien; Forschung & Innovation (themenspezifisch); Landwirtschaft & Ländliche Entwicklung
Fördergebiet:	Bund
Förderberechtigte:	Unternehmen; Forschungseinrichtung; Hochschule; Öffentliche Einrichtung; Verband/Vereinigung
Ansprechpartner:	Fachagentur Nachwachsende Rohstoffe e.V. (FNR)

Tabelle 21 Steckbrief Förderung Nachwachsende Rohstoffe

„Mit dem Programm „Nachwachsende Rohstoffe“ sollen Forschungs-, Entwicklungs- und Demonstrationsvorhaben gefördert werden. Unterstützt werden Vorhaben in folgenden Bereichen:

- nachhaltige Erzeugung und Bereitstellung nachwachsender Ressourcen
- Rohstoff- und Reststoffaufbereitung und -verarbeitung
- biobasierte Produkte und Bioenergieträger

Ziel ist es, die Weiterentwicklung der nachhaltigen Bioökonomie zu unterstützen.“[79]

---

[78]Vgl. http://www.foerderdatenbank.de/Foerder-DB/Navigation/Foerderrecherche/suche.html?get=cfe83fe3d799dee3f388b5e8753bf9a1;views;document&doc=11544

[79]Vgl. http://www.foerderdatenbank.de/Foerder-DB/Navigation/Foerderrecherche/suche.html?get=3c34822b15c59c1939972cadcf02849b;views;document&doc=7961

2.2.3.11 Regionalförderung

Gemeinschaftsaufgabe „Verbesserung der regionalen Wirtschaftsstruktur" (GRW)

Merkmal	Ausprägung
Förderart:	Zuschuss
Förderbereich:	Arbeit; Infrastruktur; Regionalförderung; Unternehmensfinanzierung
Fördergebiet:	Bund - GRW-Gebiete
Förderberechtigte:	Unternehmen; Kommune; Öffentliche Einrichtung
Ansprechpartner:	Antrag annehmende Stellen in den einzelnen Bundesländern; Bundesministerium für Wirtschaft und Energie (BMWi)

Tabelle 22 Steckbrief Förderung Verbesserung der regionalen Wirtschaftsstruktur

„Aus dem Fördertopf „Verbesserung der regionalen Wirtschaftsstruktur" (GRW) werden Investitionen in die kommunale wirtschaftsnahe Infrastruktur gefördert. Die GRW-Förderung ist auf ausgewählte, strukturschwache Regionen beschränkt. Ziel ist es, im Sinne der Hilfe zur Selbsthilfe über die Stärkung der regionalen Investitionstätigkeit dauerhaft wettbewerbsfähige Arbeitsplätze in der Region zu schaffen." [80]

2.2.3.12 Städtebau & Stadterneuerung

Energetische Stadtsanierung – Zuschüsse für integrierte Quartierskonzepte und Sanierungsmanager

Merkmal	Ausprägung
Förderart:	Zuschuss
Förderbereich:	Energieeffizienz & Erneuerbare Energien; Infrastruktur; Städtebau & Stadterneuerung
Fördergebiet:	Bund
Förderberechtigte:	Kommune
Ansprechpartner:	KfW Bankengruppe

Tabelle 23 Steckbrief Förderung Energetische Stadtsanierung

„Durch Förderungen der KfW Bankengruppe sollen im Rahmen des Energiekonzepts der Bundesregierung Maßnahmen zur energetischen Stadtsanierung unterstütz werden. Mitfinanziert werden Sach- und Personalkosten

- für die Erstellung eines integrierten Quartierskonzepts zur Verbesserung der Energieeffizienz der Gebäude und der Wärmeversorgung im Quartier
- für einen Sanierungsmanager

Ziel ist eine deutliche Anhebung der Energieeffizienz und Minderung des CO_2-Ausstoßes im Quartier." [81]

---

[80] Vgl. http://www.foerderdatenbank.de/Foerder-DB/Navigation/Foerderrecherche/suche.html?get=cfe83fe3d799dee3f388b5e8753bf9a1;views;document&doc=373

[81] Vgl. http://www.foerderdatenbank.de/Foerder-DB/Navigation/Foerderrecherche/suche.html?get=cfe83fe3d799dee3f388b5e8753bf9a1;views;document&doc=11567

2.2.3.13 Umwelt- & Naturschutz

BMUB-Umweltinnovationsprogramm

Merkmal	Ausprägung
Förderart:	Zuschuss; Darlehen
Förderbereich:	Energieeffizienz & Erneuerbare Energien; Forschung & Innovation (themenspezifisch); Umwelt- & Naturschutz
Fördergebiet:	Bund
Förderberechtigte:	Unternehmen; Kommune; Öffentliche Einrichtung; Privatperson; Verband/Vereinigung
Ansprechpartner:	KfW Bankengruppe; Umweltbundesamt (UBA)

Tabelle 24 Steckbrief Förderung Umweltinnovationsprogramm

„Mit diesem Förderprogramm werden großtechnische Erstanwendungen von technologischen Verfahren und Verfahrenskombinationen unterstützt, die Umweltbelastungen möglichst vermeiden oder vermindern. Gefördert werden bauliche und maschinelle Investitionen einschließlich der Inbetriebnahme in den folgenden Bereichen:

- Abwasserbehandlung/Wasserbau,
- Abfallvermeidung, -verwertung und -beseitigung
- Bodenschutz
- Luftreinhaltung
- Minderung von Lärm und Erschütterungen
- Energieeinsparung, Energieeffizienz und Nutzung erneuerbarer Energien
- umweltfreundliche Energieversorgung und -verteilung
- Ressourceneffizienz und Materialeinsparung

Ziel ist es, mit möglichst wenig Umweltbelastung und geringem Ressourcen- und Energieeinsatz ökonomisch zu wirtschaften.“ [82]

2.2.3.14 Wohnungsbau & -modernisierung

Leben auf dem Land

Merkmal	Ausprägung
Förderart:	Darlehen
Förderbereich:	Infrastruktur; Landwirtschaft & Ländliche Entwicklung; Regionalförderung; Wohnungsbau & -modernisierung
Fördergebiet:	Bund - Gemeinden bis 50.000 EW
Förderberechtigte:	Unternehmen; Kommune; Öffentliche Einrichtung; Privatperson; Verband/Vereinigung
Ansprechpartner:	Landwirtschaftliche Rentenbank (LR)

Tabelle 25 Steckbrief Förderung Leben auf dem Land

[82] Vgl. http://www.foerderdatenbank.de/Foerder-DB/Navigation/Foerderrecherche/suche.html?get=cfe83fe3d799dee3f388b5e8753bf9a1;views;document&doc=4100

„Im Rahmen des Förderprogramms „Leben auf dem Land“ stellt die Landwirtschaftliche Rentenbank Kredite für Investitionen im ländlichen Raum bereit. Gefördert werden:

- Investitionen in die Verbesserung ländlicher Infrastruktur
- Investitionen in den ländlichen Tourismus
- typische Aspekte der Dorferneuerung und Ortsbildgestaltung
- Investitionen in Kulturgüter
- Erwerb, Erhaltung und Erweiterung von agrarwirtschaftlich oder ehemals agrarwirtschaftlich genutzter Bausubstanz
- Investitionen von Landwirten und mitarbeitenden Familienangehörigen zur Erzielung von außerlandwirtschaftlichen Erwerbseinkommen

Ziel ist es, die Wohn- und Lebensbedingungen sowie die Infrastruktur in ländlichen Regionen Deutschlands zu verbessern.“ [83]

---

[83]Vgl. http://www.foerderdatenbank.de/Foerder-DB/Navigation/Foerderrecherche/suche.html?get=cfe83fe3d799dee3f388b5e8753bf9a1;views;document&doc=10277

2.3 Förderungen auf Landes Ebene - Bundesland Brandenburg

In diesem Kapitel wird auf die Fördermöglichkeiten auf Landesebene eingegangen. Aufgrund des Anwendungsfalles dem diese Arbeit zugrunde liegt, die Stadt Bad Belzig, wird hierfür das Land Brandenburg ausgewählt. Es wird in diesem Kapitel zunächst das Land Brandenburg vorgestellt, um anschließend auf die Aufgaben eines Landes einzugehen und diese von Aufgaben von niederen Verwaltungsebenen abzugrenzen. Schlussendlich werden verschiedene Förderprogramme des Landes, welche sich von den Aufgaben des Landes ableiten lassen, vorgestellt.

2.3.1 Vorstellung Land Brandenburg

Das Land Brandenburg liegt im Nordosten der Bundesrepublik Deutschland. Mit dem Stadtstaat und der gleichzeitigen Bundeshauptstadt Berlin bildet Brandenburg einen im nationalen und europäischen Maßstab bedeutenden Metropolen- und Ballungsraum. Die Landeshauptstadt von Brandenburg ist Potsdam, südwestlich an Berlin angrenzend.
Das Jahr 948 gilt als das Geburtsjahr der Mark Brandenburg: Otto I. stiftet das Bistum Brandenburg. Bis zum 14. Jahrhundert bauten die Askanier und später die Wittelsbacher die Mark Brandenburg zum größten Fürstentum Deutschlands aus. Kurfürst Friedrich III. begründet 1701 das preußische Königtum, indem er sich in Königsberg krönen lässt und nennt sich fortan Friedrich I., König in Preußen. Die Mark Brandenburg wird ein Teil von Preußen. Gemeinsam mit Berlin ist Brandenburg im 19. Jahrhundert das politische Zentrum Preußens und Deutschlands. Der Zweite Weltkrieg trifft die Provinz Brandenburg durch riesige Zerstörungen schwer. Durch das Potsdamer Abkommen (1945) verliert Brandenburg etwa 30% seines Gebietes, da alles östlich von Oder und Neiße nun zu Polen gehört. Brandenburg geht in die sowjetische Besatzungszone ein und wird später in der DDR in die Bezirke Potsdam, Cottbus und Frankfurt (Oder) aufgeteilt. Die demokratische Wende und der Fall der Berliner Mauer im Herbst 1989 bringen den Aufbruch in die Freiheit. Am 3. Oktober, dem Tag der deutschen Einheit, wird das Land Brandenburg gegründet. Potsdam wird Landeshauptstadt. Nach der Landtagswahl vom 14. Oktober 1990 wird Manfred Stolpe zum ersten Ministerpräsidenten gewählt und die neue Verfassung des Landes durch Volksentscheid am 14. Juni 1992 bestätigt.[84] Brandenburg gliedert

[84] http://www.brandenburg.de/de/geschichte/bb1.c.475256.de

sich in heute in vier kreisfreie Städte (Potsdam, Cottbus, Brandenburg an der Havel und Frankfurt (Oder)) sowie 14 Landkreise.
Mit einer maximalen diagonalen Ausdehnung von 291 km, einer Nord-Süd-Ausdehnung von 244 km und einer West-Ost-Ausdehnung von 240 km zählt Brandenburg zu den flächenreichsten Ländern Deutschlands. In Brandenburg leben auf einer Fläche von 29.485,63 km² rund 2,45 Millionen Einwohner, was einer Bevölkerungsdichte von 83 Einwohner pro km² entspricht. Durch seine Gesamtfläche ist es das größte der neuen Bundesländer.[85]
Prägend für das Landschaftsbild Brandenburgs sind die als Folge der glazialen Prozesse entstandenen Niederungen und Täler, Heimat der brandenburgischen Fluss- und Seenlandschaften. Durch den ständigen Wechsel von 33.000 km Flussläufen, unter anderem von Spree, Havel, Rhin, Nuthe und Dahme, sowie eine Vielzahl von Kanälen und rund 3000 Seen ist Brandenburg das gewässerreichste Land der Bundesrepublik.[86] Neben den Siedlungs- und Verdichtungszentren des Landes verfügt Brandenburg in weiten Landesteilen noch über weitgehend ursprüngliche und schutzwürdige Flächen in Form von Natur- und Landschaftsschutzgebieten. Die 15 Großschutzgebiete und Naturparks nehmen rund ein Drittel der Landesfläche ein.

2.3.2 Zuständigkeiten und Aufgaben – Abgrenzung Bundesland / Landkreis

Die Aufgaben und Zuständigkeiten lassen sich aus den Artikel 3, 83, 84 GG[87] und der geltenden Rechtsprechung ableiten. Als zusätzlicher Anhaltspunkt können die Ministerien der Länder und deren Aufgaben genommen werden. So gibt es die Ministerien für Inneres, Kultur Jugend und Sport, Wissenschaft Forschung und Kunst, für Justiz, für Finanzen, Wirtschaft, für Ernährung und Ländlichen Raum, für Arbeit und Soziales (Kompetenzen von Bund und Land werden hier geteilt), Umwelt, sowie ein Staatsministerium bzw. eine Landesvertretung. Das Land führt seine Aufgaben selten durch eigene zentrale Landesbehörden aus, sondern beauftragt – je nach Art und Umfang – die Regierungspräsidien oder die Landkreise bzw. die Kreisfreien Städte mit deren Durchführung. Aus den Artikeln des Grundgesetzes und den Ministerien lässt sich also folgende Auflistung von Aufgaben des Landes ableiten:

---

[85] Vgl. https://www.bundeslaenderdeutschland.de/brandenburg/
[86] Vgl. http://www.brandenburg.de/de/das-land/bb1.c.475252.de
[87] https://dejure.org/gesetze/GG/84.html

- Strafvollzug
- Ladenschluss- und Gaststättenrecht
- Presse- und Rundfunkrecht
- Notarrecht
- Demonstrationsrecht
- Schaffung von Schul- und Hochschulgesetzen
- öffentliche Gesundheits- und Pflegeinfrastruktur
- Regelungen für Verwaltung und Gliederung von Kommunen
- Ausweisung von Naturschutzgebieten
- Besoldung der Landesbeamten
- Landesstraßen
- Landeskrankenhäuser
- Landesmuseen
- Gerichtsbarkeit in Amts-, Land- und Oberlandesgerichten
- Polizeihoheit
- Kultur, Unterricht und Sport

Den zuvor aufgelisteten Aufgaben folgend, stellt das Land Fördermittel zur Verfügung, welche die Bürger, Unternehmen, Kommunen, Hochschulen und Bildungseinrichtungen im Rahmen dieser Aufgaben unterstützen. Beispielhafte Förderungen für diese Aufgabengebiete werden im folgenden Kapitel aufgezeigt. Die Aufgaben eines Landkreises oder der ihm angehörigen Kommunen werden in Artikel 28 Abs. 2 GG[88] thematisiert. Hiernach sind die Aufgaben der lokalen Verwaltung folgende:

- Müllabfuhr, Versorgung mit Strom, Gas und Wasser, Straßenreinigung, öffentlicher Nahverkehr
- Kinderbetreuung durch Kindergärten
- Bau und Wartung von Schulgebäuden
- Bereitstellung von Feuerwehr, Rettung, Katastrophenschutz
- Betrieb eines Schwimmbades, einer Sportanlage
- Betrieb von Musikschulen, Bibliotheken, Begegnungsstätten
- Einrichtung und Pflege von Grünanlagen

Aus dem begrenzten Spektrum, welches die Aufgaben des Landkreises bzw. der Kommunen zu bewältigen haben, lässt sich ableiten, dass auch die Fördermittel, welche der Landkreis bereitstellen kann, nur ein begrenztes Gebiet der eigenen

[88] https://www.gesetze-im-internet.de/gg/art_28.html

Aufgaben abdecken kann. Eine Vielfalt in Menge und Art kann hier dementsprechend nicht erwartet werden.

2.3.3 Förderbereiche des Landes

Im Folgenden werden verschiedene Maßnahmen des Landes Brandenburg aus den unterschiedlichen Bereichen vorgestellt. Es wird hierbei jeweils nur eine beispielhafte Fördermaßnahme bzw. ein beispielhaftes Förderprogramm je Bereich vorgestellt. Eine vollständige Auflistung aller Maßnahmen ist im Anhang der digitalen Version enthalten, da eine vollständige Aufführung aller 72 ermittelten Maßnahmen auf Landes Ebene an dieser Stelle den Rahmen dieser Arbeit überschreiten würden.

2.3.3.1 Arbeit

Einstiegszeit – Förderung von arbeitslosen und von Arbeitslosigkeit bedrohten jungen Erwachsenen

Merkmal	Ausprägung
Förderart:	Zuschuss
Förderbereich:	Arbeit
Fördergebiet:	Brandenburg
Förderberechtigte:	Kommune; Öffentliche Einrichtung; Verband/Vereinigung
Ansprechpartner:	Investitionsbank des Landes Brandenburg (ILB)

Tabelle 26 Steckbrief Förderung von arbeitslosen und von Arbeitslosigkeit bedrohten junger Erwachsenen

„Diese Förderung von Projekten soll sowohl junge Erwachsene mit einer abgeschlossenen Berufsausbildung oder einem abgeschlossenen Studium be der Eingliederung auf ausbildungsadäquate Arbeitsplätze unterstützen als auch Unternehmen bei der Besetzung freier Stellen mit jungen Fachkräften helfen Finanziert werden

- die Ermittlung von Qualifizierungsbedarfen
- die Durchführung von vorbereitenden Maßnahmen
- die Vermittlung junger Fachkräfte auf Arbeitsplätze
- die Entwicklung von Ideen zur Förderung von Entwicklungschancen weiblicher Fachkräfte
- die Analyse von Qualifizierungsbedarfen der vermittelten jungen Erwachsenen und das Angebot passgenauer Qualifizierungen
- die Durchführung bzw. Vermittlung in Qualifizierungsmaßnahmen“ [89]

---

[89]Vgl. http://www.foerderdatenbank.de/Foerder-DB/Navigation/Foerderrecherche/suche.html?get=85cec0e1848a70cb7bfdb8083cff0a08;views;document&doc=10674

2.3.3.2 Aus- & Weiterbildung

Förderung der beruflichen Qualifizierung im Justizvollzug

Merkmal	Ausprägung
Förderart:	Zuschuss
Förderbereich:	Aus- & Weiterbildung
Fördergebiet:	Brandenburg
Förderberechtigte:	Bildungseinrichtung
Ansprechpartner:	Investitionsbank des Landes Brandenburg (ILB)

Tabelle 27 Steckbrief Förderung der beruflichen Qualifizierung im Justizvollzug

„Als Fördermaßnahme im Land Brandenburg werden durch Inanspruchnahme des ESF gezielt berufliche Qualifizierungsangebote für Inhaftierte im Justizvollzug gefördert, die die Inhaftierten auf die Anforderungen des Arbeitsmarktes nach ihrer Entlassung vorbereiten. Gefördert werden Maßnahmen der beruflichen Aus- und Weiterbildung zur Herstellung, Erhaltung oder Erweiterung der beruflichen Vermittlungschancen. Ziel ist die Erlangung beruflicher Abschlüsse, beruflicher Qualifikationen oder zertifizierter Ausbildungsmodule.“ [90]

2.3.3.3 Außenwirtschaft

Markterschließungsrichtlinie

Merkmal	Ausprägung
Förderart:	Zuschuss
Förderbereich:	Außenwirtschaft; Messen & Ausstellungen
Fördergebiet:	Brandenburg; Berlin
Förderberechtigte:	Öffentliche Einrichtung; Verband/Vereinigung
Ansprechpartner:	Investitionsbank des Landes Brandenburg (ILB)

Tabelle 28 Steckbrief Markterschließungsrichtlinie

„In diesem Programm werden die Anbahnung internationaler und grenzüberschreitender Kooperationen und die Öffnung neuer Absatzmärkte im In- und Ausland durch Gemeinschaftsprojekte zur Markterschließung gefördert. Förderfähig sind:

- Projekte und Informationsstände auf internationalen Messen und Ausstellungen im In- und Ausland mit fachspezifischer Ausrichtung
- Begleitmaßnahmen zur Unterstützung von Markterschließungsinitiativen
- die Vorbereitung, Organisation und Durchführung von Kontakt- und Kooperationsbörsen im In- und Ausland“ [91]

---

[90]Vgl. http://www.foerderdatenbank.de/Foerder-DB/Navigation/Foerderrecherche/suche.html?get=85cec0e1848a70cb7bfdb8083cff0a08;views;document&doc=8738

[91]Vgl. http://www.foerderdatenbank.de/Foerder-DB/Navigation/Foerderrecherche/suche.html?get=85cec0e1848a70cb7bfdb8083cff0a08;views;document&doc=8811

2.3.3.4 Beratung

Stärkung der Sozialpartnerschaft und Steigerung der Qualität der Arbeit (Brandenburger Sozialpartnerrichtlinie)

Merkmal	Ausprägung
Förderart:	Zuschuss
Förderbereich:	Beratung
Fördergebiet:	Brandenburg
Förderberechtigte:	Bildungseinrichtung; Öffentliche Einrichtung; Verband/Vereinigung
Ansprechpartner:	Investitionsbank des Landes Brandenburg (ILB)

Tabelle 29 Steckbrief Förderung Stärkung der Sozialpartnerschaft und Steigerung der Qualität der Arbeit

„Im Rahmen des ESF werden in Brandenburg Projekte gefördert, die Sozialpartner bei der Modernisierung der betrieblichen Arbeitsorganisation unterstützen sollen. Unterstützt werden Projekte, die mindestens einen der beiden Themenkomplexe einbeziehen:

- Modernisierung der Arbeitsorganisation zur betrieblichen Fachkräftesicherung im Sinne guter Arbeit und
- Modernisierung der Arbeitsorganisation zur Gestaltung von Arbeit 4.0/digitaler Arbeitswelt im Sinne guter Arbeit

Finanziert werden die für die Projektumsetzung notwendigen Personal- und Sachausgaben.“ [92]

2.3.3.5 Energieeffizienz & erneuerbare Energien

Förderung von erneuerbaren Energien, Energieeffizienz und Versorgungssicherheit (RENplus)

Merkmal	Ausprägung
Förderart:	Zuschuss
Förderbereich:	Energieeffizienz & Erneuerbare Energien; Infrastruktur
Fördergebiet:	Brandenburg
Förderberechtigte:	Unternehmen; Kommune; Öffentliche Einrichtung; Verband/Vereinigung
Ansprechpartner:	Investitionsbank des Landes Brandenburg (ILB)

Tabelle 30 Steckbrief Förderung von erneuerbaren Energien Energieeffizienz und Versorgungssicherheit

„Innerhalb dieses Programms werden Vorhaben unterstützt, die zur Senkung der CO_2-Emissionen beitragen. Dies kann folgende Punkte umfassen:

- Ausbau von Speicherkapazitäten und Steuerungssystemen für die dezentral erzeugte Energie
- Förderung intelligenter Stromverteilungsnetze

---

[92] Vgl. http://www.foerderdatenbank.de/Foerder-DB/Navigation/Foerderrecherche/suche.html?get=85cec0e1848a70cb7bfdb8083cff0a08;views;document&doc=12130

- Verbesserung der Energieeffizienz und der Nutzung erneuerbarer Energien in öffentlichen Infrastrukturen
- Pilot- und Demonstrationsvorhaben in den Bereichen Energieeffizienz, Erneuerbare Energien, Speicher und Systemintegration
- Energie- und Klimaschutzstrategien sowie darauf aufbauende Umsetzungsmaßnahmen zur Verminderung von CO_2-Emissionen und zum Umgang mit den Folgen des Klimawandels

Die Förderung zielt sowohl auf die Breitenanwendung bereits eingeführter Techniken und Verfahren als auch auf die Markteinführung neu entwickelter technischer Lösungen, ab. Grundsätzliches Ziel ist es, durch die geförderten Maßnahmen CO_2-Einsparungen zu erzielen.“ [93]

2.3.3.6 Existenzgründung & -festigung

Förderung von Qualifizierungs- und Coaching Maßnahmen bei Existenzgründungen

Merkmal	Ausprägung
Förderart:	Zuschuss
Förderbereich:	Beratung; Existenzgründung & -festigung
Fördergebiet:	Brandenburg
Förderberechtigte:	Bildungseinrichtung; Hochschule; Öffentliche Einrichtung; Verband/Vereinigung
Ansprechpartner:	Investitionsbank des Landes Brandenburg (ILB)

Tabelle 31 Steckbrief Förderung von Qualifizierungs- und Coaching Maßnahmen bei Existenzgründungen,

„Im Rahmen des Europäischen Sozialfonds werden in Brandenburg Existenzgründer durch folgende Maßnahmen unterstützt:

- Bereitstellung von Qualifizierungs- und Coachingangeboten für Gründungswillige in der Vorgründungsphase
- die Begleitung von Existenzgründern in der Übergangsphase
- die Sicherung der Nachhaltigkeit der Gründungen
- Sensibilisierungsmaßnahmen zum Thema Existenzgründung

Ziel der Förderung ist es, neue selbstständige Arbeit im Land Brandenburg zu schaffen, um somit mittelfristig Arbeitsplatzeffekte zu erzielen.“ [94]

---

[93] Vgl. http://www.foerderdatenbank.de/Foerder-DB/Navigation/Foerderrecherche/suche.html?get=85cec0e1848a70cb7bfdb8083cff0a08;views;document&doc=8223

[94] Vgl. http://www.foerderdatenbank.de/Foerder-DB/Navigation/Foerderrecherche/suche.html?get=85cec0e1848a70cb7bfdb8083cff0a08;views;document&doc=9593

2.3.3.7 Forschung & Innovation

INTERREG V A-Programm Brandenburg-Polen (2014–2020)

Merkmal	Ausprägung
Förderart:	Zuschuss
Förderbereich:	Aus- & Weiterbildung; Forschung & Innovation (themenoffen); Gesundheit & Soziales; Infrastruktur; Kultur, Medien & Sport; Regionalförderung; Umwelt- & Naturschutz
Fördergebiet:	Brandenburg
Förderberechtigte:	Kommune; Öffentliche Einrichtung; Verband/Vereinigung
Ansprechpartner:	Investitionsbank des Landes Brandenburg (ILB); Gemeinsames Sekretariat; Ministerium der Justiz und für Europa und Verbraucherschutz

Tabelle 32 Steckbrief Förderung INTERREG V A-Programm Brandenburg-Polen

„Zur Stärkung der territorialen Zusammenarbeit, fördern das Land Brandenburg und die Republik Polen im Rahmen von EFRE die transnationale und interregionale Zusammenarbeit. Die Zusammenarbeit soll die Bereiche Umwelt- und Naturschutz, Tourismus, Kultur, Mobilität, Verkehr, Infrastruktur, Bildung, Forschung, und Gesundheit umfassen. Zur Umsetzung des Programms sind folgende Prioritätsachsen vorgesehen:

- Prioritätsachse I – Gemeinsamer Erhalt und Nutzung des Natur- und Kulturerbes
- Prioritätsachse II – Anbindung an die transeuropäischen Netze und nachhaltiger Verkehr
- Prioritätsachse III – Stärkung grenzübergreifender Fähigkeiten und Kompetenzen
- Prioritätsachse IV – Integration der Bevölkerung und Zusammenarbeit der Verwaltungen

Ziel des Programms ist die Überwindung grenzbedingter Nachteile.“ [95]

2.3.3.8 Gesundheit & Soziales

Förderung notw. Bau- und Ausstattungsinvestitionen für bildungspolitische Schwerpunktmaßnahmen an Schulen

Merkmal	Ausprägung
Förderart:	Zuschuss
Förderbereich:	Gesundheit & Soziales; Infrastruktur
Fördergebiet:	Brandenburg
Förderberechtigte:	Kommune
Ansprechpartner:	Ministerium für Bildung, Jugend und Sport des Landes Brandenburg

Tabelle 33 Steckbrief Förderung notw. Bau- und Ausstattungsinvestitionen für bildungspolitische Schwerpunktmaßnahmen an Schulen

[95] Vgl. http://www.foerderdatenbank.de/Foerder-DB/Navigation/Foerderrecherche/suche.html?get=85cec0e1848a70cb7bfdb8083cff0a08;views;document&doc=13213

„Diese Förderung zielt auf Bau- und Ausstattungsinvestitionen ab, die erforderlich sind, um bildungspolitische Schwerpunktmaßnahmen an Schulen umzusetzen. Zur Förderung des integrativen Unterrichts werden mitfinanziert:

- die Herstellung von Barrierefreiheit
- Ausbau- und Umbaumaßnahmen der Schule
- die Schaffung von Räumen zur Betreuung und Versorgung für medizinische und pflegerische Maßnahmen
- die Anschaffung von Ausstattung zur Unterstützung von Schülern mit sonderpädagogischem Förderbedarf“ [96]

2.3.3.9 Infrastruktur

Nachhaltige Entwicklung von Stadt und Umland (NESUR)

Merkmal	Ausprägung
Förderart:	Zuschuss
Förderbereich:	Energieeffizienz & Erneuerbare Energien; Infrastruktur; Regionalförderung; Umwelt- & Naturschutz; Unternehmensfinanzierung
Fördergebiet:	Brandenburg
Förderberechtigte:	Unternehmen; Bildungseinrichtung; Kommune; Öffentliche Einrichtung
Ansprechpartner:	Investitionsbank des Landes Brandenburg (ILB)

Tabelle 34 Steckbrief Förderung Nachhaltige Entwicklung von Stadt und Umland

„Im Rahmen von EFRE werden in diesem Programm Maßnahmen zur nachhaltigen Entwicklung von Städten und ihrem Umland unterstützt. Auf folgende Bereiche zielt dieses Förderungsprogram ab:

- Infrastruktur und Umwelt
- Mobilität und Energie
- Investitionen in die Wirtschaft und die wirtschaftsnahe Infrastruktur“[97]

[96]Vgl. http://www.foerderdatenbank.de/Foerder-DB/Navigation/Foerderrecherche/suche.html?get=85cec0e1848a70cb7bfdb8083cff0a08;views;document&doc=12861

[97]Vgl. http://www.foerderdatenbank.de/Foerder-DB/Navigation/Foerderrecherche/suche.html?get=85cec0e1848a70cb7bfdb8083cff0a08;views;document&doc=10338

2.3.3.10 Kultur, Medien & Sport

Förderung von vereinseigenen und gepachteten Sportstätten im Rahmen des Sportinfrastrukturprogramms (außerhalb LEADER)

Merkmal	Ausprägung
Förderart:	Zuschuss
Förderbereich:	Infrastruktur; Kultur, Medien & Sport
Fördergebiet:	Brandenburg
Förderberechtigte:	Kommune; Verband/Vereinigung
Ansprechpartner:	Ministerium für Bildung, Jugend und Sport des Landes Brandenburg

Tabelle 35 Steckbrief Förderung von vereinseigenen und gepachteten Sportstätten im Rahmen des Sportinfrastrukturprogramms

„Das Land Brandenburg fördert mithilfe dieses Förderprogramms Baumaßnahmen an vereinseigenen und gepachteten Sportanlagen, an Vereinsräumen und kommunalen Sportstätten. Gefördert werden:

- Neu- und Erweiterungsbauten
- Instandsetzungen
- Modernisierungen und Umbauten
- Maßnahmen für die Einhaltung und Verbesserung des Umwelt- und Naturschutzes
- Maßnahmen für den barrierefreien Ausbau
- Planungsleistungen sowie Grund- und Erstausstattungen“[98]

2.3.3.11 Landwirtschaft & ländliche Entwicklung

Förderung der Zusammenarbeit für Landbewirtschaftung und klimaschonende Landnutzung

Merkmal	Ausprägung
Förderart:	Zuschuss
Förderbereich:	Landwirtschaft & Ländliche Entwicklung; Umwelt- & Naturschutz
Fördergebiet:	Brandenburg
Förderberechtigte:	Unternehmen; Bildungseinrichtung; Forschungseinrichtung; Öffentliche Einrichtung; Verband/Vereinigung
Ansprechpartner:	Ministerium für Ländliche Entwicklung, Umwelt und Landwirtschaft des Landes Brandenburg; Investitionsbank des Landes Brandenburg (ILB)

Tabelle 36 Steckbrief Förderung der Zusammenarbeit für Landbewirtschaftung und klimaschonende Landnutzung

„Im Rahmen von ELER und GAK werden durch das Land Brandenburg Maßnahmen zur Zusammenarbeit für eine markt- und standortangepasste Landbewirtschaftung sowie zur Implementierung und Verbreitung einer ressourcen-, klimaschonenden und klimaresistenten Landnutzung und

[98]Vgl. http://www.foerderdatenbank.de/Foerder-DB/Navigation/Foerderrecherche/suche.html?get=85cec0e1848a70cb7bfdb8083cff0a08;views;document&doc=12860

nachhaltigen Betriebsführung gefördert. Mitfinanziert werden im Bereich der Zusammenarbeit für eine markt- und standortangepasste Landbewirtschaftung (Teil A):

- Erarbeitung von Konzepten zur markt- und standortangepassten Landbewirtschaftung
- Konzeptbegleitung zur Beratung und Aktivierung der Beteiligten, Erschließung räumlicher oder sachlicher Entwicklungspotenziale, Identifizierung zielgerichteter Maßnahmen

Im Bereich der Implementierung und Verbreitung einer ressourcen-, klimaschonenden und klimaresistenten Landnutzung und nachhaltigen Betriebsführung (Teil B) sind förderfähig:

- Einrichtung und Koordinierung regionaler und überregionaler Kooperationen zwischen Landnutzungs-, Umwelt-, Bildungs- und/oder Wissenschaftsakteuren
- Maßnahmen der Zusammenarbeit zur Einführung und Anwendung von betrieblichen Umwelt- und Nachhaltigkeitsmanagementsystemen“ [99]

2.3.3.12 **Regionalförderung**

Förderung der ländlichen Entwicklung im Rahmen von LEADER

Merkmal	Ausprägung
Förderart:	Zuschuss
Förderbereich:	Infrastruktur; Landwirtschaft & Ländliche Entwicklung; Regionalförderung
Fördergebiet:	Brandenburg
Förderberechtigte:	Unternehmen; Kommune; Öffentliche Einrichtung; Privatperson; Verband/Vereinigung
Ansprechpartner:	Landesamt für Ländliche Entwicklung, Landwirtschaft und Flurneuordnung (LELF)

Tabelle 37 Steckbrief Förderung der ländlichen Entwicklung

„Mithilfe dieser Förderung sollen Vorhaben zur nachhaltigen Sicherung und Entwicklung der ländlichen Räume als Lebens-, Arbeits-, Erholungs- und Naturräume unterstütz werden. Dies umfasst folgende Maßnahmen:

- Regionalmanagement
- Unterstützung und Sensibilisierung der lokalen Akteure
- nationale und transnationale Kooperationen lokaler Aktionsgruppen sowie Vorbereitung von Kooperationen
- Umsetzung von investiven Vorhaben im Rahmen der regionalen Entwicklungsstrategie

---

[99]Vgl. http://www.foerderdatenbank.de/Foerder-DB/Navigation/Foerderrecherche/suche.html?get=85cec0e1848a70cb7bfdb8083cff0a08;views;document&doc=13432

Ziele sind die Schaffung von Einkommens- und Beschäftigungsmöglichkeiten sowie die Verbesserung der Attraktivität und Lebensqualität in den ländlichen Räumen." [100]

2.3.3.13 Städtebau & Stadterneuerung

Städtebauförderungsrichtlinien (StBauFR)

Merkmal	Ausprägung
Förderart:	Zuschuss
Förderbereich:	Infrastruktur; Städtebau & Stadterneuerung
Fördergebiet:	Brandenburg
Förderberechtigte:	Kommune
Ansprechpartner:	Landesamt für Bauen und Verkehr (LBV)

Tabelle 38 Steckbrief Städtebauförderungsrichtlinien

„Zur Unterstützung städtebauliche Maßnahmen in Gemeinden soll dieses Förderprogramm Kommunen bei ihrer aktiven Steuerung der Stadtentwicklung unterstützen. Derzeitige Teilprogramme gibt es in den Bereichen Städtebauliche Sanierungsmaßnahmen, Städtebaulicher Denkmalschutz, die Soziale Stadt, Stadtumbau Ost, Aktive Stadtzentren und Zukunft Stadtgrün. Mitfinanziert werden

- Ausgaben der Gemeinde, die bei der Vorbereitung und Durchführung der städtebaulichen Gesamtmaßnahme entstehen
- Ausgaben für Vorhaben in Ersatz- und Ergänzungsgebieten und Vorhaben außerhalb von Gesamtmaßnahmen

Die Förderung hat zum Ziel, die bauliche Struktur zu erhalten, die wirtschaftlichen Entfaltungsmöglichkeiten zu stärken, sowie die Lebensgrundlagen in der Umwelt zu schützen und zu verbessern." [101]

2.3.3.14 Umwelt- & Naturschutz

Förderung forstwirtschaftlicher Maßnahmen (Forst-RL)

Merkmal	Ausprägung
Förderart:	Zuschuss
Förderbereich:	Landwirtschaft & Ländliche Entwicklung; Umwelt- & Naturschutz
Fördergebiet:	Brandenburg; Berlin
Förderberechtigte:	Unternehmen; Kommune; Öffentliche Einrichtung; Privatperson; Verband/Vereinigung
Ansprechpartner:	Landesbetrieb Forst Brandenburg

Tabelle 39 Steckbrief Förderung forstwirtschaftlicher Maßnahmen

[100] Vgl. http://www.foerderdatenbank.de/Foerder-DB/Navigation/Foerderrecherche/suche.html?get=85cec0e1848a70cb7bfdb8083cff0a08;views;document&doc=8190

[101] Vgl. http://www.foerderdatenbank.de/Foerder-DB/Navigation/Foerderrecherche/suche.html?get=85cec0e1848a70cb7bfdb8083cff0a08;views;document&doc=10326

„Durch diese Förderung und mit Unterstützung von ELER sollen Vorhaben zur Erhaltung der Kulturlandschaft und der Wälder unterstützt werden, zur Erhaltung der biologischen Vielfalt und nachhaltigen Bewirtschaftung bewaldeter Flächen. Mitfinanziert werden:

- Maßnahmen zur Umstellung auf naturnahe Waldwirtschaft
- die Inanspruchnahme von Beratungsdiensten
- Maßnahmen zur Vorbeugung von Waldschäden“[102]

2.3.3.15 Wohnungsbau & -modernisierung

Brandenburg-Kredit Pflege

Merkmal	Ausprägung
Förderart:	Darlehen
Förderbereich:	Energieeffizienz & Erneuerbare Energien; Gesundheit & Soziales; Infrastruktur; Wohnungsbau & -modernisierung
Fördergebiet:	Brandenburg
Förderberechtigte:	Unternehmen; Öffentliche Einrichtung; Verband/Vereinigung
Ansprechpartner:	Investitionsbank des Landes Brandenburg (ILB)

Tabelle 40 Steckbrief Förderung Brandenburg-Kredit Pflege

„Die Investitionsbank des Landes Brandenburg fördert Investitionen in stationäre Einrichtungen sowie gemeinschaftliche Wohnformen mit ambulanten Pflege- und Betreuungsangeboten. Mitfinanziert werden

- der Auf- und Ausbau von Tages-, Nacht- und Kurzzeitpflegeangeboten
- der Neubau und Umbau Anlagen für gemeinschaftliche Wohnformen mit ambulanten Pflege- und Betreuungsangeboten
- Umbau- und Anbaumaßnahmen in stationären Einrichtungen für die Umsetzung fachlicher Weiterentwicklungen
- Investitionen in stationären Einrichtungen innerhalb der vorhandenen Kapazität zur Umsetzung brandschutztechnischer Auflagen oder für betriebsnotwendige energetische Sanierungen

Ziel ist die Bereitstellung einer modernen Infrastruktur für pflegebedürftige Menschen und Menschen mit Behinderung.“ [103]

---

[102]Vgl. http://www.foerderdatenbank.de/Foerder-DB/Navigation/Foerderrecherche/suche.html?get=85cec0e1848a70cb7bfdb8083cff0a08;views;document&doc=10621

[103]Vgl. http://www.foerderdatenbank.de/Foerder-DB/Navigation/Foerderrecherche/suche.html?get=85cec0e1848a70cb7bfdb8083cff0a08;views;document&doc=12538

2.4 Förderungen auf Landkreis Ebene – Landkreis Potsdam Mittelmark

In diesem Kapitel wird auf die unterste in dieser Arbeit vorgestellte Ebene eingegangen. Zunächst wird der Landkreis vorgestellt. Hierbei wird auf die Lage, die Geschichte und verschiedene Eckdaten eingegangen, sowie die Verwaltungsgliederung des Landkreises aufgezeigt. Anschließend werden die vom Landkreis angebotenen Fördermittel thematisiert.

2.4.1 Vorstellung

In diesem Abschnitt wird der Landkreis Potsdam Mittelmark vorgestellt. Im allgemeinen Teil wird zunächst die Geschichte und Lage dargestellt, bevor im anschließenden Teil, die Verwaltungsstruktur des Landkreises thematisiert wird.

2.4.1.1 **Allgemeines**

Der Landkreis Potsdam-Mittelmark gehört zu den flächenmäßig größten Landkreisen in Deutschland. Zentral im Südwesten Brandenburgs gelegen mit einer Bevölkerungszahl von deutlich über 200.000 Einwohnern, ist Potsdam-Mittelmark der bevölkerungsreichste Kreis im Land Brandenburg.[104] Die Geschichte des Landkreises Potsdam-Mittelmark beginnt mit der Kreisgebietsreform im Land Brandenburg im Jahr 1993. Damals wurde festgeschrieben, dass aus den Landkreisen Belzig, Brandenburg-Land und Potsdam-Land sowie den Gemeinden des Amtes Treuenbrietzen ein neuer Landkreis gebildet werden soll. Verwaltungssitz und Name des Landkreises sind per Gesetz (Potsdam-Mittelmark-Gesetz, PMarkG) am 22. April 1993 festgelegt worden.[105] Der Kreis Potsdam Mittelmark gehört unter anderem mit zum Ballungsraum Berlin, wobei der Raum außerhalb des Berliner Stadtgebiets auch als „Berliner Speckgürtel“ bekannt ist.

2.4.1.2 **Verwaltung**

Die Kreisverwaltung Potsdam-Mittelmark ist in Fachbereiche und Fachdienste gegliedert. Der Kreistag bildet analog die entsprechenden Ausschüsse, sodass jeweils ein Fachausschuss für die Angelegenheiten eines Fachbereiches

---

[104] Vgl. http://www.potsdam-mittelmark.de/de/landkreis-verwaltung/daten-fakten/
[105] Vgl. http://www.potsdam-mittelmark.de/de/landkreis-verwaltung/daten-fakten/geschichte/

zuständig ist. Dies ermöglicht eine unkomplizierte und direkte Zusammenarbeit zwischen Verwaltung und Kreistag.[106] Die Verwaltung ist wie folgt aufgebaut:

- Verwaltungsleitung
    - Büro des Landrates
    - Personalrat
    - Rechnungsprüfungsamt
    - Wirtschaftsförderung, Tourismus und Regionalentwicklung
    - Behindertenbeauftragter
    - Gleichstellungsbeauftragte
    - Integrationsbeauftragte
    - IT-Sicherheits- und Datenschutzbeauftragter
- Innerer Service, zentrale Steuerung und Schulmanagement
- Sicherheit, Ordnung und Verkehr
- Landwirtschaft und Veterinärwesen
- Recht, Bauen, Umwelt, Kataster und Vermessung
- Soziales, Jugend, Gesundheit und Schulentwicklung
- Jobcenter MAIA

2.4.2 Fördermöglichkeiten

Im Rahmen seiner Aufgaben nach Artikel 28 Abs. 2 GG, bietet der Landkreis verschiedene Förderungen für Unternehmen, seine Bürger und die zum Landkreis gehörigen Kommunen an. Im Folgenden werden die vom Landkreis angebotenen Programme vorgestellt.

2.4.2.1 Unternehmensfinanzierung

Wir ziehen mit Ihnen an einem Strang!

Merkmal	Ausprägung
Förderart:	Sonstige
Förderbereich:	Beratung
Fördergebiet:	Potsdam- Mittelmark
Förderberechtigte:	Öffentliche Einrichtung; Kommune; Unternehmen
Ansprechpartner:	Landkreis Potsdam- Mittelmark

Tabelle 41 Steckbrief Förderung Wir ziehen an einem Strang

„Im Rahmen dieses Förderprogramms bietet der Landkreis Beratungen zu folgenden Themen an:

[106] Vgl. http://www.potsdam-mittelmark.de/de/landkreis-verwaltung/kreisverwaltung/verwaltungsstruktur/

- Existenzgründungsberatung
- Ansiedelung Ihres Unternehmens
- Erweiterung / neue Geschäftsfelder erschliessen
- Fördermittel / Finanzierung
- Konsolidierung / Standortsicherung
- Führungsnachwuchs / Generationswechsel
- Fachkräftemangel / Einstellung neuer Mitarbeiter
- Fortbildung der eigenen Mitarbeiter
- Vereinbarkeit von Beruf und Familie
- Messeauftritte“ [107]

2.4.2.2 Städtebau & Stadterneuerung

Miteinander statt nebeneinander in der Region Fläming-Havel

Merkmal	Ausprägung
Förderart:	Zuschuss
Förderbereich:	Städtebau & Stadterneuerung; Infrastruktur; Regionalförderung; Landwirtschaft & ländliche Entwicklung
Fördergebiet:	Potsdam- Mittelmark
Förderberechtigte:	Öffentliche Einrichtung; Kommune; Unternehmen
Ansprechpartner:	Aktionsgruppe Fläming - Havel e.V.

Tabelle 42 Steckbrief Förderung Miteinander statt nebeneinander in der Region Fläming-Havel

„Die Lokale Aktionsgruppe Fläming - Havel e.V. unterstützt, begleitet und fördert Projekte unter dem Motto "Miteinander statt nebeneinander in der Region Fläming - Havel". Ziel ist es, die Lebensqualität und die Zukunftschancen der Menschen insbesondere im ländlichen Raum des Landkreises Potsdam-Mittelmark und der Stadt Brandenburg an der Havel zu verbessern. Dabei kommen Fördermittel aus dem Europäischen Landwirtschaftsfonds für die Entwicklung des ländlichen Raumes im Bereich, LEADER und aus dem Europäischen Sozialfonds für das Netzwerk Tourismus im Hohen Fläming zum Einsatz.“ [108]

[107] Vgl. http://www.potsdam-mittelmark.de/de/wirtschaft-arbeit/wirtschaftsfoerderung/foerderberatung-foerderprogramme/gewerbliche-wirtschaft/

[108] Vgl. http://www.potsdam-mittelmark.de/de/wirtschaft-arbeit/wirtschaftsfoerderung/foerderberatung-foerderprogramme/laendliche-entwicklung/

2.4.2.3 Landwirtschaft und ländliche Entwicklung

Agrarförderung[109]

Auch für den Bereich der Agrarförderung steht der Landkreis als Berater und Ansprechpartner den Förderberechtigten zur Seite. Bei welchen Fördermitteln Unterstützung geleistet wird, wer der Ansprechpartner hierbei ist und in welcher Form diese Förderung genau aussieht, konnte durch den Autor, aufgrund von mangelnder Informationen durch den Landkreis (speziell auf der Webseite des Landkreises), nicht festgestellt werden. Es lässt sich lediglich der Hinweis des Landkreises auf der kreiseigenen Website finden, dass in diesem Bereich Unterstützung und Förderung angeboten wird, leider aber keine darüber hinausgehenden Informationen. Der Vollständigkeit halber wurde aus diesem Grund die Agrarförderung mit in die Aufzählung aufgenommen.

2.4.2.4 Regionalförderung

Förderung von kleinteiligen touristischen Maßnahmen

Merkmal	Ausprägung
Förderart:	Zuschuss
Förderbereich:	Infrastruktur; Unternehmensfinanzierung; Regionalförderung
Fördergebiet:	Potsdam- Mittelmark
Förderberechtigte:	Öffentliche Einrichtung; Kommunen; Unternehmen
Ansprechpartner:	Lokale Aktionsgruppe Fläming – Havel e.V.

Tabelle 43 Steckbrief Förderung von kleinteiligen touristischen Maßnahmen

„Gefördert werden Maßnahmen zur Qualitätsverbesserung vorhandener Übernachtungskapazitäten, Campingplätzen, Rastplätzen, Wasserwanderrastplätzen, Kneippbecken sowie zur Schaffung von Wohnmobilstellplätzen. Förderschwerpunkte 2018 sind:

- zum Abbau von Barrieren sowie Herstellung der Barrierefreiheit;
- zur Erfüllung von Qualitätssiegeln, z. B. des Deutschen Tourismusverbandes
- zur Ausrichtung des Angebotes auf bestimmte Zielgruppen.“ [110]

[109] Vgl. http://www.potsdam-mittelmark.de/de/wirtschaft-arbeit/wirtschaftsfoerderung/foerderberatung-foerderprogramme/agrarfoerderung/

[110] Vgl. http://www.potsdam-mittelmark.de/de/freizeit-tourismus/tourismusinformationen/tourismusfoerderung/

2.4.2.5 Umwelt- & Naturschutz

Energie und Klimaschutzförderung[111]

Auch beim Thema Energie und Klimaschutz steht der Landkreis „nur" als Berater und Wegweiser zu höheren Verwaltungsebenen den Förderberechtigten zur Seite. Im Rahmen der Energie und Klimaschutzförderung werden hier Kontakte zur KfW, der Verbraucherzentrale Brandenburg, der Investitionsbank Brandenburg und dem Bundesamt für Wirtschaft und Ausfuhrkontrolle angeboten. Eine eigene Förderung in diesem Bereich besteht also nicht in finanzieller Hinsicht, sondern in der Hinsicht, dass der Landkreis bei der Antragstellung und Vermittlung unterstützt.

2.4.2.6 Infrastruktur

Förderung der Schulwegsicherung

Merkmal	Ausprägung
Förderart:	Zuschuss
Förderbereich:	Aus- & Weiterbildung; Infrastruktur
Fördergebiet:	Potsdam- Mittelmark
Förderberechtigte:	Öffentliche Einrichtung; Kommunen; Unternehmen
Ansprechpartner:	Landkreis Potsdam- Mittelmark

Tabelle 44 Steckbrief Förderung der Schulwegsicherung

„Im Rahmen dieser Förderung werden folgende Maßnahmen unterstützt:

- Drängelgitter
- Säulen
- Geschwindigkeitsanzeigetafeln" [112]

---

[111] Vgl. http://www.potsdam-mittelmark.de/de/wirtschaft-arbeit/wirtschaftsstandort/energie/energie-und-klimaschutzfoerderung/

[112] Vgl. http://www.potsdam-mittelmark.de/nc/de/buergerservice/dienstleistungen-suche/?tx_tlscotty_scotty%5Buid%5D=562&tx_tlscotty_scotty%5Baction%5D=showDetails&tx_tlscotty_scotty%5Bcontroller%5D=EJ7Interlock&cHash=bd54aef6a74921b9a2efdedc399242ba

3 Eruierung von Fördermöglichkeiten für die Stadt Bad Belzig

Im folgenden Kapitel wird die Stadt Bad Belzig zunächst vorgestellt, um anschließend geeignete Fördermittel, unter Berücksichtigung von erforderlichen Eigenmitteln, welche das Leitbild und die Ziele der Stadt unterstützen, aufzuzeigen. Die Vorstellung der Stadt Bad Belzig enthält einen kurzen Überblick über die Historie der Stadt, eine Einordnung der geografischen Lage, einen Überblick über die Einwohnerzahlen und den demografischen Wandel, die Wirtschaftsstruktur der Stadt, sowie eine Übersicht über die öffentlichen Einrichtungen und Bildungseinrichtungen der Stadt. Ebenfalls wird auf die Verwaltungsstruktur der Stadt und die damit eingehenden Aufgaben eingegangen, welche durch Fördermittel unterstützt werden sollen.

3.1 Allgemeines über die Stadt Bad Belzig

Die Stadt Bad Belzig ist eine Kreisstadt des Landkreises Potsdam Mittelmark im Bundesland Brandenburg. Die erste urkundliche Erwähnung der Stadt Bad Belzig, noch unter dem Namen "burgwardium belizi", erfolgte im Jahr 997 in einer Kaiserurkunde unter Kaiser Otto III. Im Jahr 1251 erlischt das Geschlecht der Grafen von Belzig und das Belziger Land fällt damit an die Herzöge von Sachsen. Im Jahr 1702 erhält die Stadt Belzig die vollen Stadtrechte und wird 1815 preußisch. 1914 werden die Landgemeinde Sandberg und das Schloss Eisenhardt eingemeindet. Kreisstadt des neu gebildeten Großkreises Potsdam-Mittelmark wird Belzig im Jahr 1993. Im Jahr 2002 wird das Thermalbad „SteinTherme“ eröffnet, womit Belzig ein anerkannter Kurort mit dem Prädikat „Ort mit Heilquellenkurbetrieb" wird. Aufgrund dieses Status wird der Stadt 2010 der Titel „Bad" verliehen, wodurch sich der Stadtname zu dem heute bekannten „Bad Belzig“ ändert.[113]

---

[113] Vgl. https://www.belzig.com/sehen-entdecken/historische-altstadt.php

3.1.1 Lage

Die Stadt liegt innerhalb des Naturparks „Hoher Fläming". Der im Stadtgebiet liegende Hagelberg ist eine der höchsten Erhebungen im norddeutschen Tiefland. [114] Die Belziger Landschaftswiesen beginnen talabwärts entlang des Belziger/ Fredersdorfer Bachs, eine flache und vegetationsarme Niederungslandschaft im Baruther Urstromtal.[115]

Die Stadt Bad Belzig umfasst das Gebiet der (Kern-)Stadt mit dem Gemeindeteil Weitzgrund sowie die Gebiete der 14 Ortsteile[116]:

- Bergholz
- Borne
- Dippmannsdorf
- Fredersdorf
- Groß Briesen mit dem Gemeindeteil Klein Briesen
- Hagelberg mit dem Gemeindeteil Klein Glien
- Kuhlowitz mit dem Gemeindeteil Preußnitz
- Lübnitz
- Lüsse
- Lütte
- Neschholz
- Ragösen
- Schwanebeck
- Werbig mit den Gemeindeteilen Egelinde, Hohenspringe und Verlorenwasser

Die Stadt selbst ist in drei Stadtteile aufgegliedert. Jeder Stadtteil verfügt über sehr gute Wohn- und Lebens Qualitäten mit einer jeweils eigenständigen Prägung:

- Altstadt als historischer, kultureller und fremdenverkehrlicher Mittelpunkt,
- Kurparksiedlung als hochwertiger Wohn- und Kurbereich mit touristischer Ausstrahlung
- Klinkengrund mit umgebenen Kleinsiedlungsbereichen und Kreiskrankenhaus als attraktiver Wohnstandort für unterschiedliche Ansprüche sowie medizinischer Standort der Allgemeinversorgung.

---

[114] Vgl. https://www.flaeming.net/wandern-natur/wissenwertes/landschaft.html?page=1
[115] Vgl. http://www.hoher-flaeming-naturpark.de/naturpark/natur-landschaft/landschaftsentstehung/
[116] Vgl. https://web.archive.org/web/20140201143636/http://www.stadt-belzig.de/instanz_1/listen/20_satzung_000095_b.htm

3.1.2 Einwohner

Nach Stand 01.01.2017 hat die Stadt Bad Belzig mit allen Ortsteilen 11256 Einwohner.[117] Die Bevölkerungsentwicklung hat sich seit dem Jahr 2002 kaum merklich verändert. Die genaue Entwicklung der Bevölkerung seit dem Jahr 1990 lässt sich in Abbildung 6 noch einmal anschaulich nachvollziehen.

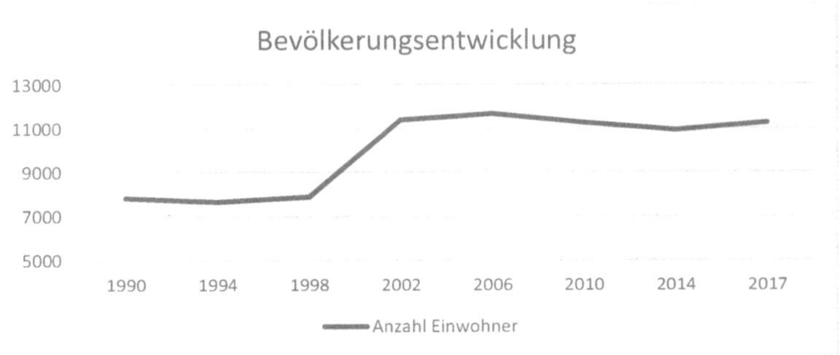

Abbildung 5 Bevölkerungsentwicklung der Stadt Bad Belzig, eigene Darstellung[118]

Eine im Jahr 2016 vom Land Brandenburg veröffentlichte Studie zu dem Thema Bevölkerung mit dem Titel „Mittelbereichsprofil Bad Belzig 2016“, kommt zu dem Schluss, dass bis zum Jahr 2030 die Bevölkerung in Bad Belzig auf eine Anzahl von 9173 Einwohnern zurückgeht. Dies entspricht einem Bevölkerungsrückgang von 16 Prozent. Diese Studie betrachtet die Entwicklung der Bevölkerungsanzahl lediglich vom Standpunkt des demografischen Wandels aus, der eine niedrigere Geburtenrate als Sterberate aufweist. Wie bereits zuvor in der Vorstellung des Kreises Potsdam Mittelmark angesprochen, befindet sich der Kreis im sogenannten Speckgürtel von Berlin, wobei die Stadt Bad Belzig an diesen Speckgürtel angrenzt. Die Gentrifizierung der Berliner Bevölkerung in das Umland und die dadurch entstehenden Bevölkerungswanderungen, können ein Faktor sein, der in Zukunft dem demografischen Wandel und einem damit einhergehenden Bevölkerungsrückgang, entgegenwirken kann. Leider gibt es zu diesem Thema noch keine aussagekräftigen Studien. Dennoch kann an dieser Stelle nicht von einem Bevölkerungsrückgang allein auf der Grundlage des demografischen Gebildes ausgegangen werden.

---

[117] Quelle: Stadt Bad Belzig http://www.bad-belzig.de/instanz_1/index.htm -> Einwohnerzahlen

[118] Quelle: https://www.statistik-berlin-brandenburg.de/publikationen/stat_berichte/2016/SB_A01-04-00_2015j01_BB.pdf, oder im Anhang

3.1.3 Wirtschaft

Das wirtschaftliche Bild Bad Belzig prägen das Handwerk und mittelständische Betriebe. Der Einzelhandel ist zumeist in der Stadt Bad Belzig konzentriert, Supermärkte und Baumärkte sind eher an den Ausfahrtstraßen zu finden. Die historische Altstadt wird nach wie vor durch den kleinteiligen Einzelhandel geprägt. Kleine Lebensmittelgeschäfte sowie Bäckereien und Fleischereien sind noch in einigen Ortsteilen zu finden. Das Kreiskrankenhaus Bad Belzig ist ein weiterer wichtiger Arbeitgeber der Stadt. Der Gewerbepark Seedoche ist mit ca. 17 Hektar der einzige der Stadt. Grundsätzlich lässt sich die ansässige Wirtschaft in Bad Belzig in die Bereiche Baugewerbe, Dienstleistung, Einzelhandel, Kunst und soziale Einrichtungen unterteilen.

3.1.4 Verwaltungsstruktur

Die Verwaltung der Stadt Bad Belzig ist in vier Bereiche unterteilt. Den vier Bereichen ist der Bürgermeister als oberster Verwaltungsherr übergeordnet.

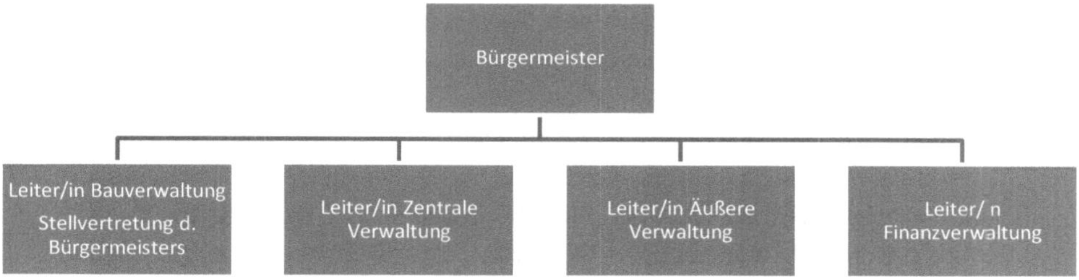

Abbildung 6 Verwaltungsstruktur Bad Belzig, eigene Darstellung[119]

Im folgenden soll kurz auf die jeweiligen Aufgaben der Verwaltungsbereiche eingegangen werden. Es wird dabei jedoch lediglich nur ein kurzer Überblick gegeben, eine umfassende Auflistung aller Aufgaben, Pflichten und Tätigkeiten der jeweiligen Ämter der Stadt Bad Belzig, ist im Anhang zu finden.

---

[119] Vgl. http://www.bad-belzig.de/instanz_1/dokumente/sar_f20_000054.htm

Bauverwaltung
Die Bauverwaltung befasst sich im groben mit den Themen rund um die Planung, den Bau, den Erhalt und die Wartung aller Gebäude, Flächen und Anlagen.[120]

Zentrale Verwaltung
Die zentrale Verwaltung nimmt Aufgaben rund um die Themen Marketing, Personalmanagement, innere Verwaltung und genereller Ansprechpartner war.[121]

Äußere Verwaltung
Die äußere Verwaltung kümmert sich im groben um alle Themenbereiche rund um die Aufgaben von Ordnungsamt, Standesamt und Bürgerbüro.[122]

Finanzverwaltung
Die Finanzverwaltung regelt alle Angelegenheiten rund um die Bereiche Buchungswesen, Rechnungswesen, Bilanzbuchhaltung, Steuern und sonstige Aufgaben aus dem Bereich der Finanzen.[123]

3.1.5 Öffentliche Einrichtungen und Bildungseinrichtungen

In Bad Belzig gibt es 8 Schulen und diverse öffentlich Einrichtungen. Sowohl Bildungseinrichtungen als auch die öffentlichen Einrichtungen werden durch die Kommune selbst betrieben oder unterstützt. Diese Unterstützung findet im Rahmen des kommunalen Auftrages der Daseinsvorsorge statt. Der Begriff der kommunalen Daseinsvorsorge meint, dass die Gemeinde wirtschaftliche, soziale und kulturelle Dienstleistungen für alle Bürger/Innen bereitstellen muss.[124] Ursprünglich sollte dies ausschließlich mittels eigener Einrichtungen geschehen. Diese Verpflichtung ist durch das Sozialstaatsprinzip, beschrieben in Art. 20 GG[125], gerechtfertigt. Die kommunale Daseinsvorsorge einschließlich der dafür geschaffenen Einrichtungen (Ämter, Betriebe und privatrechtliche Unternehmen) gehört, nach herrschender verfassungsrechtlicher Sicht, zum Wesen der kommunalen Selbstverwaltung (Art. 28 GG).[126] Zur kommunalen Daseinsvorsorge werden heute verschiedene Dinge gezählt. Im Kern werden die

---

[120] Vgl. http://www.bad-belzig.de/instanz_1/belege/f12_000005.htm
[121] Vgl. http://www.bad-belzig.de/instanz_1/belege/f12_000001.htm
[122] Vgl. http://www.bad-belzig.de/instanz_1/belege/f12_000004.htm
[123] Vgl. http://www.bad-belzig.de/instanz_1/belege/f12_000002.htm
[124] Vgl. http://kommunalwiki.boell.de/index.php/Daseinsvorsorge
[125] https://dejure.org/gesetze/GG/20.html
[126] https://www.gesetze-im-internet.de/gg/art_28.html

Abfallwirtschaft und Abwasserentsorgung, Wasserversorgung, Energieversorgung, öffentlicher Personennahverkehr, Sparkassen und Krankenhäuser dazu gezählt. Zusätzlich werden je nach Gemeindeordnung / Kommunalordnung noch verschiedene andere Einrichtungen dazu gezählt. Diese weiteren Einrichtungen können Schulen, Büchereien, Museen, Kinder- und Schullandheime, Altenheime u. ä. sowie Rettungsdienste sein. Nach dem Landesentwicklungsplan Berlin-Brandenburg wurde die Stadt Bad Belzig als Mittelzentrum eingestuft. Damit hat sie die Aufgabe für ihren Mittelbereich die gehobenen Funktionen der Daseinsvorsorge mit regionaler Bedeutung zu konzentrieren.[127] Dazu gehören insbesondere:

- Wirtschafts- und Siedlungsfunktionen
- Einzelhandelsfunktionen
- Kultur- und Freizeitfunktionen
- Verwaltungsfunktionen
- Bildungs-, Gesundheits-, soziale Versorgungsfunktionen
- überregionale Verkehrsknotenfunktionen

Nachfolgend werden die öffentlichen Einrichtungen und Bildungseinrichtungen der Stadt Bad Belzig aufgeführt, welche nicht zu den Kern- Einrichtungen nach Art. 20 GG gehören, aber nach der Kommunalordnung der Stadt Bad Belzig zusätzlich mit zur Daseinsvorsorge gezählt werden.

<u>Bildungseinrichtungen</u>

- Grundschule „Geschwister Scholl“
- Kleine Grundschule Dippmannsdorf
- Krause-Tschetschog-Oberschule Belzig
- Fläming-Gymnasium
- Schule am grünen Grund: Förderschule für geistig und körperlich Behinderte
- Musikschule
- Kreisvolkshochschule
- Freie Schule Fläming

<u>Öffentliche Einrichtungen</u>

- Kultur-, Jugend- und Medienzentrum "POGO Belzig"
- Museum Burg Eisenhardt
- Stadtbibliothek Bad Belzig

---

[127] Vgl. http://www.bad-belzig.de/instanz_1/listen/insek_b.htm

- Turnhalle „Karl Liebknecht“
- Puschkin-Turnhalle
- Albert-Baur-Mehrzweckhalle
- Heinrich-Rau-Stadion
- Kunsteisbahn Bad Belzig
- Freibad Bad Belzig
- Steintherme Bad Belzig

3.2 Leitbild

„Die Kurstadt ist stolz auf ihre Tradition und Geschichte, die (...) auch zukünftig Grundlage und Maßstab für die weitere Stadtentwicklung sein sollen. Dementsprechend werden dem Erhalt und der Pflege des Orts- und Landschaftsbildes sowie generell der Pflege und Erhaltung der Umwelt und Kulturlandschaft höchste Priorität eingeräumt. Bad Belzig war, ist und soll auch zukünftig eine lebens- und liebenswerte Stadt mit hoher Lebensqualität für alle Generationen ihrer Einwohnerinnen und Einwohner sein und bleiben. (...) Dem Erhalt und der Sicherung von Schul- und Bildungseinrichtungen sowie dem Erhalt und der Pflege der Sport-, Freizeit- und Kulturangebote (...) werden hohe Priorität eingeräumt. Das Krankenhaus, die Rehaklinik und die SteinTherme (...) bilden die Grundlage für das medizinische Kompetenzzentrum „Thermalsoleheilbad Bad Belzig“, das (...) zukünftig auch zu einem hervorragenden gesundheitstouristischen bzw. touristischen Zentrum entwickelt werden soll. Damit ist auch der Schwerpunkt der zukünftigen wirtschaftlichen Entwicklung des Heilbades als bedeutendes tourismus- und gesundheitswirtschaftliches Zentrum definiert. Ein entsprechendes ausgewogenes Einzelhandelsangebot sowie zu diesem Profil passende zusätzliche ergänzende Gewerbebetriebe erhöhen die Attraktivität des Gemeinwesens, sichern die Versorgung der Bevölkerung und bieten auch zukünftig neue Arbeitsplätze und damit wirtschaftliche Sicherheit für die Einwohner.“[128]

Die Stadt Bad Belzig verbindet mit ihrem Leitbild folgende Ziele:[129]

1. Bad Belzig ist das Mittelzentrum mit Leistungsfähigkeit und Attraktivität als Kreisstadt mit und für die Region

---

[128] http://www.bad-belzig.de/instanz_19/dokumente/sar_f20_000077.htm
[129] Vgl. http://www.bad-belzig.de/instanz_19/dokumente/sar_f20_000078.htm

2. Bad Belzig ist eine Stadt mit hoher Lebensqualität für alle Einwohner und Gäste
3. Bad Belzig ist als Thermalsoleheilbad touristisches Zentrum der Region Hoher Flaming und kompetentes Gesundheitszentrum für die Region
4. Bad Belzig ist eine weltoffene, tolerante Stadt, die ihren Einwohnern Raum für vielfaltige Lebensentwürfe bietet
5. Bad Belzig ist ein attraktiver Standort für Ausbildung und Arbeit
6. Bad Belzig entwickelt sich zu einem wichtigen Wirtschaftsstandort mit klein- und mittelständischer Ausrichtung
7. Bad Belzig entwickelt sich zur Einkaufs- und Erlebnisstadt für Bürger, Kunden, Besucher und Gäste
8. Bad Belzig ist auf dem Weg zur barrierefreien Stadt
9. Bad Belzig setzt die Agenda 21 zur nachhaltigen Entwicklung konsequent um.
10. Bad Belzig und seine Einwohner gestalten und leben ein gastfreundliches und wertschätzendes Miteinander

3.3 Eruierung von möglichen Fördermitteln

Zur Unterstützung und Förderung dieses Leitbildes und des Auftrages zur Daseinsvorsorge, sollen in diesem Kapitel Fördermittel und Förderprogramme vorgestellt werden, die diese Unterstützung bieten können. Es wird sich dabei weiterhin an der bereits zuvor angewandten Kategorisierung von Fördermitteln orientiert. Da im Vordergrund Fördermittel zur Unterstützung des Auftrages zur Daseinsvorsorge stehen sollen, fallen die Kategorien Außenwirtschaft, Beratung, Existenzgründung & -festigung, Forschung & Innovation, Messen & Ausstellungen, sowie Unternehmensfinanzierungen aus der Betrachtung raus. Ebenfalls aus dieser Betrachtung fallen Fördermittel der EU, aufgrund der bereits zuvor angesprochenen Tatsache, dass EU Fördermittel nur Maßnahmen von EU Ausmaßen unterstützen. Dies ist im Falle des Ziels der Unterstützung des Daseinsvorsorge Auftrages der Stadt Bad Belzig nicht gegeben. Indirekt werden diese Fördermittel der EU durch Bundes- oder Landes- Förderprogramme, welche sich aus diesen EU Töpfen speisen, abgerufen.

3.3.1 Arbeit

Förderung von sozialpädagogischer Begleitung und fachlicher Anleitung in Sozialbetrieben

„Das Land Brandenburg fördert mit Unterstützung des Europäischen Sozialfonds (ESF) die Betreuung und Anleitung von in Sozialbetrieben beschäftigten ehemaligen Langzeitarbeitslosen mit Produktivitätseinschränkungen und/oder Vermittlungshemmnissen. Mitfinanziert werden die Personalausgaben der Sozialbetriebe für die sozialpädagogische Betreuung und fachliche Anleitung der betreffenden Personen. Ziel der Förderung ist es, die Langzeitarbeitslosigkeit zu reduzieren. Die Förderung erfolgt in Form eines Zuschusses. Für jeden teilnehmenden Langzeitarbeitslosen werden über einen Zeitraum von maximal 24 Monaten anteilige Personalausgaben in Höhe von 0,2 Vollzeitäquivalenten für sozialpädagogische Betreuung und fachliche Anleitung gefördert. Die Höhe der Förderung beträgt pro Vollzeitäquivalent monatlich bis zu 4.300 EUR. Die Förderung kann bis zu 100% der zuwendungsfähigen Gesamtausgaben betragen. Diese Förderung ist auf den Zeitraum bis zum 31. Dezember 2022 begrenzt. Bei der Antragstellung sind verschiedene Dinge zu beachten. Die unternehmerische Zielsetzung als Sozialbetrieb ist anhand von geeigneten Dokumenten (z.B. Vereinssatzungen oder Gesellschafterverträgen) nachzuweisen. Der Sozialbetrieb muss mithilfe der eingestellten ehemaligen Langzeitarbeitslosen am Markt selbstständig seine Kosten erwirtschaften. Die Teilnehmer müssen ihren ersten Wohnsitz in Brandenburg haben. Die Teilnehmer müssen marktnah sozialversicherungspflichtig beschäftigt werden. Die sozialpädagogische Betreuung und Anleitung der Teilnehmer muss umfassend gewährleistet sein.“ [130]

3.3.2 Aus- & Weiterbildung

Förderung der Ausbildung in der Altenpflege und Altenpflegehilfe

„Das Land Brandenburg fördert den theoretischen und praktischen Unterricht im Rahmen der Altenpflegeausbildung und der Altenpflegehilfeausbildung. Mitfinanziert werden Personal- und Sachausgaben für den Unterricht der dreijährigen Altenpflegeausbildung und der einjährigen

---

[130] http://www.foerderdatenbank.de/Foerder-DB/Navigation/Foerderrecherche/suche.html?get=85cec0e1848a70cb7bfdb8083cff0a08;views;document&doc=13302

Altenpflegehilfeausbildung. Die Förderung erfolgt in Form eines Zuschusses. Die Höhe der Förderung beträgt

- je Altenpflegeschüler 380 EUR im Monat, jedoch höchstens 13.680 EUR für die gesamte reguläre Ausbildungszeit von drei Jahren, und
- je Altenpflegehilfeschüler maximal 380 EUR im Monat, insgesamt jedoch nicht mehr als 4.560 EUR.

Diese Förderung ist auf den Zeitraum bis zum 30. September 2021 begrenzt. Bei der Antragstellung sind verschiedene Dinge zu beachten. Die theoretische und die praktische Ausbildung müssen in Brandenburg durchgeführt werden. Die Altenpflegeschulen müssen nachweisen, dass sie über die erforderlichen Ausbildungskapazitäten verfügen. Die Schüler müssen die berufsrechtlichen Voraussetzungen erfüllen und einen Ausbildungsvertrag mit einer praktischen Ausbildungsstätte in Brandenburg geschlossen haben. Die Altenpflegeschule und der Träger der praktischen Ausbildung dürfen kein Schulgeld erheben. Die praktische Ausbildungsstätte muss eine angemessene, den branchen- und ortsüblichen Sätzen entsprechende Ausbildungsvergütung zahlen.“ [131]

Initiative Sekundarstufe I (INISEK I)

„Das Land Brandenburg fördert mit Unterstützung des Europäischen Sozialfonds (ESF) die Durchführung von zwei Teilprojekten, bei denen Regionalpartner Schulprojekte zur Berufs- und Studienorientierung sowie zur Herausbildung und Stärkung von sozialen und personalen Schülerkompetenzen organisieren und durchführen.

- Teilprojekt 1 umfasst den Zuständigkeitsbereich der staatlichen Schulämter Neuruppin und Brandenburg an der Havel mit den Landkreisen und kreisfreien Städten Prignitz, Ostprignitz-Ruppin, Oberhavel, Havelland, Brandenburg an der Havel, Potsdam-Mittelmark, Potsdam, Teltow-Fläming.
- Teilprojekt 2 umfasst den Zuständigkeitsbereich der staatlichen Schulämter Frankfurt (Oder) und Cottbus mit den Landkreisen und kreisfreien Städten Uckermark, Barnim, Märkisch-Oderland, Oder-Spree, Frankfurt (Oder), Dahme-Spreewald, Oberspreewald-Lausitz, Elbe-Elster, Spree-Neiße, Cottbus.

Ziel der Förderung ist die Verbesserung der schulischen Ergebnisse von Schülern der Jahrgangsstufen 7 bis 10 an Oberschulen, Gesamtschulen und Förderschulen. Die Förderung erfolgt in Form eines Zuschusses. Der maximale

---

[131] http://www.foerderdatenbank.de/Foerder-DB/Navigation/Foerderrecherche/suche.html?get=85cec0e1848a70cb7bfdb8083cff0a08;views;document&doc=12054

Förderbetrag je Teilprojekt wird durch das Ministerium für Bildung, Jugend und Sport bekanntgegeben. Für die Umsetzung des Programms stellt das Land Brandenburg Stellenanteile für Lehrkräfte in einem Umfang von 22 Vollzeiteinheiten je Schuljahr zur Verfügung. Die Förderung erfolgt jeweils für zwei aufeinanderfolgende Schuljahre beginnend mit dem Schuljahr 2017/ 2018. Diese Förderung ist auf den Zeitraum bis zum 31. Juli 2021 begrenzt. Voraussetzung sind Kenntnisse und Erfahrungen des Antragstellers in den folgenden Bereichen:

- Projektmanagement, Beratung, Finanzverwaltung und Veranstaltungsmanagement,
- Verwaltung und Umsetzung von EU-Strukturfondsmitteln,
- Schulalltag und Schulorganisation,
- Umsetzung von Berufs- und Studienorientierung an Schulen,
- Vermittlung von sozialen und personalen Schlüsselkompetenzen sowie
- Organisation von Fortbildungsmaßnahmen.“ [132]

Projekte Schule/Jugendhilfe 2020

„Das Land Brandenburg fördert mit Unterstützung des Europäischen Sozialfonds (ESF) für eine begrenzte Zahl von Kindern und Jugendlichen mit erheblichen schulischen und sozialen Problemlagen zusätzliche Unterstützungsangebote in der Schule in gemeinsamer Verantwortung von Schule und Jugendhilfe. Mitfinanziert werden

- Lerngruppen an öffentlichen Schulen für verhaltensauffällige Schüler, solche mit schulverweigerndem Verhalten und einzugliedernde, geflüchtete Schüler mit zusätzlichem schulischen und sozialpädagogischen Unterstützungsbedarf sowie
- Supervision und Beratung.

Ziel ist es, ein Scheitern der jungen Menschen in der Schule und an ihrer außerschulischen bzw. familiären Lebenswirklichkeit zu verhindern. In Klasse 9 zählt dazu auch der Erwerb der Berufsbildungsreife und die Einmündung in weiterführende Bildungsmaßnahmen bzw. in berufliche Ausbildung. Die Förderung erfolgt in Form eines Zuschusses. Die Höhe der Förderung beträgt je nach Modell der Lerngruppe bis zu 168.980 EUR (Modell A, 7. und 8. Jahrgangsstufe) bzw. bis zu 180.340 EUR (Modell B, 9. Jahrgangsstufe) pro Schuljahr. Aus Mitteln des ESF kann ein Projekt im Modell A mit bis zu 106.980

---

[132] http://www.foerderdatenbank.de/Foerder-DB/Navigation/Foerderrecherche/suche.html?get=85cec0e1848a70cb7bfdb8083cff0a08;views;document&doc=12561

EUR pro Schuljahr und im Modell B mit bis zu 118.340 EUR pro Schuljahr gefördert werden. Die Kofinanzierung erfolgt durch das Land über die Bereitstellung der Personalausgaben für Lehrkräfte und beträgt mindestens 20% der zuwendungsfähigen Gesamtausgaben. Diese Förderung ist auf den Zeitraum bis zum 31. Juli 2021 begrenzt. Bei der Antragstellung sind verschiedene Dinge zu beachten. Es muss ein Fachkonzept auf der Grundlage eines schulischen Lernkonzeptes vorgelegt werden. Der Schulträger, die Schulkonferenz und das örtlich zuständige Jugendamt müssen das Fachkonzept befürworten.“ [133]

Alphabetisierung und Grundbildung von Erwachsenen

„Das Land Brandenburg fördert mit Unterstützung des Europäischen Sozialfonds (ESF) die Alphabetisierung und Grundbildung Erwachsener durch Bildungsmaßnahmen, die Lese- und Schreibkompetenzen vermitteln sowie Grundbildungsdefizite ausgleichen. Mitfinanziert werden

- regionale Grundbildungszentren, die Aufgaben zur Unterstützung der Alphabetisierung und Grundbildung auf regionaler Ebene wahrnehmen,
- Koordinierungsstellen und Kurse zur Verbesserung der Alphabetisierung und Grundbildung.

Ziel der Förderung ist die Verbesserung des Zugangs zum Lebenslangen Lernen. Die Förderung erfolgt in Form eines Zuschusses. Für Grundbildungszentren werden förderfähige Gesamtausgaben in Höhe von bis zu 75.000 EUR pro Jahr veranschlagt. Aus Mitteln des ESF können bis zu 80% der förderfähigen Gesamtausgaben, höchstens jedoch 60.000 EUR jährlich gefördert werden. Der Eigenanteil beträgt mindestens 20% der zuwendungsfähigen Gesamtausgaben. Die Förderung der Koordinierungsstelle aus Mitteln des ESF beträgt maximal 80% der zuwendungsfähigen Gesamtausgaben. Die nationale Kofinanzierung in Höhe von mindestens 20% erfolgt aus Mitteln des Landes bzw. für Kurse in Justizvollzugsanstalten aus Mitteln der Ausbildungsbeihilfe. Zuwendungsfähig für die Tätigkeit der Koordinierungsstelle sind die jährlichen Personal- und Sachausgaben bis zu einer Gesamthöhe von 75.000 EUR. Diese Förderung ist auf den Zeitraum bis zum 31. Dezember 2020 begrenzt. Bei der Antragstellung sind verschiedene Dinge zu beachten. Einrichtungen, die sich als regionales Grundbildungszentrum bewerben, müssen ein Konzept und einen konkreten Arbeitsplan für die beantragte Laufzeit vorlegen. Einrichtungen, die sich als Koordinierungsstelle bewerben, müssen Kenntnisse und Erfahrungen in den Arbeitsbereichen

---

[133] http://www.foerderdatenbank.de/Foerder-DB/Navigation/Foerderrecherche/suche.html?get=85cec0e1848a70cb7bfdb8083cff0a08;views;document&doc=12639

- Alphabetisierungs- und Grundbildungsarbeit,
- Ausübung landesweiter koordinierender Tätigkeiten,
- Projektmanagement und
- Förderung aus Mitteln des Europäischen Sozialfonds oder ähnlicher Fonds

nachweisen. Auch sie müssen ein Konzept und einen Arbeitsplan für die beantragte Laufzeit vorlegen.
Das von der Koordinierungsstelle zu organisierende Angebot muss sich an Personen ab 16 Jahren mit Deutschkenntnissen auf (nahezu) muttersprachlichen Niveau richten, die Defizite in den schriftsprachlichen Kompetenzen (alpha-level 1–4) und ihren Wohnsitz im Land Brandenburg haben bzw. in einer Justizvollzugsanstalt in Brandenburg inhaftiert sind." [134]

Förderung der Jugendfreiwilligendienste
„Das Land Brandenburg fördert mit Unterstützung des Europäischen Sozialfonds (ESF) die Durchführung von Jugendfreiwilligendiensten. Unterstützt werden

- das Freiwillige Ökologische Jahr (FÖJ),
- das Freiwillige Soziale Jahr in der Kinder- und Jugendhilfe sowie im Sport (FSJ KiJu sowie FSJ Sport),
- das Freiwillige Soziale Jahr in der Kultur (FSJ K) und
- das Freiwillige Soziale Jahr in der Denkmalpflege (FSJ D).

Ziel ist es, die Ausbildungs- und Berufsfähigkeit sowie die Studierfähigkeit junger Menschen zu verbessern und die Schlüsselkompetenzen und Persönlichkeitsbildung der Teilnehmenden zu fördern bzw. zu entwickeln. Die Förderung erfolgt in Form eines Zuschusses. Die Höhe der Förderung beträgt beim FÖJ 441 EUR, beim FSJ KiJu und beim FSJ Sport 325 EUR sowie beim FSJ K und beim FSJ D 450 EUR pro Teilnahmemonat. Die Bagatellgrenze liegt bei einer Förderhöhe von 50.000 EUR. Diese Förderung ist auf den Zeitraum bis zum 31. August 2020 begrenzt. Bei der Antragstellung sind verschiedene Dinge zu beachten. Voraussetzung ist eine Förderung der sozialpädagogischen Betreuung der Teilnehmer nach der Bundesrichtlinie zur Förderung der Jugendfreiwilligendienste. Bei den Freiwilligen muss es sich um junge Menschen handeln, die ihre Vollzeitschulpflicht erfüllt und das 27. Lebensjahr noch nicht vollendet haben. Die Teilnehmer müssen zum Zeitpunkt der Maßnahme ihren Wohnsitz im Land Brandenburg haben. Die Träger sollen eine inhaltliche Vielfalt

---

[134] http://www.foerderdatenbank.de/Foerder-DB/Navigation/Foerderrecherche/suche.html?get=85cec0e1848a70cb7bfdb8083cff0a08;views;document&doc=10729

an Einsatzstellen und Tätigkeitsbereichen unter fachlich qualifizierter Anleitung gewährleisten, durch die im besten Fall eine gezielte Berufs- und Studienorientierung ermöglicht werden soll.“ [135]

3.3.3 Energieeffizient & erneuerbare Energien

Erneuerbare Energien, Energieeffizienz und Versorgungssicherheit (RENplus)

„Das Land Brandenburg fördert Vorhaben, die zur Senkung der energiebedingten CO 2-Emissionen durch folgende Maßnahmen beitragen:

- Ausbau von Speicherkapazitäten und Steuerungssystemen für die dezentral erzeugte Energie,
- Förderung intelligenter Stromverteilungsnetze,
- Verbesserung der Energieeffizienz in der gewerblichen Wirtschaft,
- Verbesserung der Energieeffizienz und der Nutzung erneuerbarer Energien in öffentlichen Infrastrukturen,
- Pilot- und Demonstrationsvorhaben in den Bereichen Energieeffizienz, Erneuerbare Energien, Speicher und Systemintegration,
- Energie- und Klimaschutzstrategien sowie darauf aufbauende Umsetzungsmaßnahmen zur Verminderung von CO 2-Emissionen und zum Umgang mit den Folgen des Klimawandels,
- Vorhaben zur effizienten CO 2-armen Nutzung der heimischen Braunkohle.

Finanziert werden investive Maßnahmen zur Verbesserung sowie Erhöhung der Energieeffizienz und nicht investive Maßnahmen (Entwicklung von Strategien, Studien, gebietsbezogenen Entwicklungskonzepten sowie darauf aufbauende Umsetzungsmaßnahmen zur Verminderung von CO 2-Emissionen und zum Umgang mit den Folgen des Klimawandels). Die Förderung zielt sowohl auf die Breitenanwendung bereits eingeführter Techniken und Verfahren als auch auf die Markteinführung neu entwickelter technischer Lösungen, insbesondere bei Erstanwendungen, Pilotprojekten und Demonstrationsvorhaben ab. Grundsätzliches Ziel ist es, durch die geförderten Maßnahmen CO 2-Einsparungen zu erzielen. Die Förderung erfolgt in Form eines Zuschusses. Die Höhe des Zuschusses beträgt

[135] http://www.foerderdatenbank.de/Foerder-DB/Navigation/Foerderrecherche/suche.html?get=85cec0e1848a70cb7bfdb8083cff0a08;views;document&doc=12612

- für juristische Personen des privaten Rechts, Einzelunternehmen und Personengesellschaften sowie juristische Personen des öffentlichen Rechts mit wirtschaftlicher Tätigkeit in Bezug auf die Maßnahme 35-70% der zuwendungsfähigen Ausgaben, maximal jedoch 3 Mio. EUR abhängig von Fördergegenstand und Unternehmensgröße,
- für juristische Personen des öffentlichen und privaten Rechts, die in Bezug auf die Maßnahme nicht wirtschaftlich tätig sind, bis zu 80% der zuwendungsfähigen Ausgaben, maximal 3,0 Mio. EUR.

Die Bagatellgrenze liegt in der Regel bei 5.000 EUR, bei einigen nicht investiven Maßnahmen bei 3.000 EUR. Diese Förderung ist auf den Zeitraum bis zum 31. Dezember 2020 begrenzt. Bei der Antragstellung sind verschiedene Dinge zu beachten. Die Maßnahme muss die Umsetzung der Ziele der Energiestrategie 2030 des Landes oder den Umgang mit den Folgen des Klimawandels in Brandenburg unterstützen. Die Maßnahme muss im Land Brandenburg durchgeführt werden. Die Maßnahme darf nicht gesetzlich vorgeschrieben und/oder behördlich angeordnet sein. Die Amortisationszeit muss mindestens drei Jahre betragen. Der Antragsteller muss den dauerhaften wirtschaftlichen Betrieb der Anlage sicherstellen. Mit dem Vorhaben darf zum Zeitpunkt des Antragseinganges bei der zuständigen Stelle noch nicht begonnen worden sein. Die benötigten öffentlichen Genehmigungen sowie alle zum Errichten und Betreiben notwendigen Verträge sollen bei Antragstellung vorliegen, mindestens jedoch beantragt sein." [136]

Nachhaltige Entwicklung von Stadt und Umland (NESUR)

„Das Land Brandenburg fördert mit Unterstützung des Europäischen Fonds für regionale Entwicklung (EFRE) Maßnahmen zur nachhaltigen Entwicklung von Städten und ihrem Umland. Unterstützt werden Maßnahmen in folgenden Bereichen:

- Infrastruktur und Umwelt,
- Mobilität und Energie sowie
- Investitionen in die Wirtschaft und die wirtschaftsnahe Infrastruktur.

Die Förderung erfolgt in Form eines Zuschusses. Die Höhe des Zuschusses beträgt

- in der Regel bis zu 80% der zuwendungsfähigen Ausgaben bzw. Kosten. Die Bagatellgrenze liegt bei einem Zuschuss von mindestens 5.000 EUR.

---

[136] http://www.foerderdatenbank.de/Foerder-DB/Navigation/Foerderrecherche/suche.html?get=85cec0e1848a70cb7bfdb8083cff0a08;views;document&doc=8223

- bei Vorhaben nach den besonderen Bestimmungen für KMU 50% der zuwendungsfähigen Ausgaben, der Zuschuss muss mindestens 3.000 EUR betragen.

Diese Förderung ist auf den Zeitraum bis zum 31. Dezember 2020 begrenzt.

Die Maßnahme darf nicht von anderen Stellen durchgeführt werden und die Ausgaben dürfen nicht vollständig von anderen Stellen zu tragen sein. Bei der Antragstellung sind verschiedene Dinge zu beachten. Für das Vorhaben dürfen nicht im Rahmen eines anderen kommunalen, Landes- oder Bundesprogramms Mittel für den gleichen Zuwendungszweck eingesetzt werden. Es dürfen keine Mittel aus den Struktur- und Investitionsfonds der EU für den gleichen Zuwendungszweck eingesetzt werden. Für die Förderung von Unternehmen gilt:

- Das Projekt muss die unternehmerische Leistungsfähigkeit der KMU nachhaltig herstellen oder dauerhaft verbessern.
- Der Sitz des Unternehmens und/oder die zu fördernde Betriebsstätte muss im Land Brandenburg liegen.
- Das Projekt muss Aussicht auf Erfolg haben und ohne die Förderung nicht bzw. nicht im geplanten Umfang durchführbar sein.
- Die Gesamtfinanzierung des Projekts muss gesichert sein.“ [137]

BMUB-Umweltinnovationsprogramm

„Das Bundesministerium für Umwelt, Naturschutz, Bau und Reaktorsicherheit (BMUB) unterstützt großtechnische Erstanwendungen von technologischen Verfahren und Verfahrenskombinationen, die Umweltbelastungen möglichst vermeiden oder vermindern. Gefördert werden bauliche, maschinelle oder sonstige Investitionen in Deutschland einschließlich der Inbetriebnahme sowie ggfs. erforderlichen Messungen zur Erfolgskontrolle in den folgenden Bereichen:

- Abwasserbehandlung/Wasserbau,
- Abfallvermeidung, -verwertung und -beseitigung sowie die Sanierung von Altablagerungen,
- Bodenschutz,
- Luftreinhaltung (einschließlich Maßnahmen zur Reduzierung von Gerüchen),
- Minderung von Lärm und Erschütterungen,
- Energieeinsparung, Energieeffizienz und Nutzung erneuerbarer Energien,

---

[137] http://www.foerderdatenbank.de/Foerder-DB/Navigation/Foerderrecherche/suche.html?get=85cec0e1848a70cb7bfdb8083cff0a08;views;document&doc=10338

- umweltfreundliche Energieversorgung und -verteilung sowie
- Ressourceneffizienz und Materialeinsparung.

Ziel ist es, mit möglichst wenig Umweltbelastung und geringem Ressourcen- und Energieeinsatz ökonomisch zu wirtschaften. Die Förderung wird als Zinszuschuss zur Verbilligung eines von der KfW refinanzierten Hausbankkredits oder als Investitionszuschuss gewährt. In der Regel können bis zu 70% der förderfähigen Kosten zinsverbilligt werden. Bei Investitionszuschüssen erfolgt eine Anteilfinanzierung von bis zu 30%. Für zinsverbilligte Kredite beträgt die Laufzeit bis zu 30 Jahre. Die ersten fünf Jahre sind tilgungsfrei. Bei der Antragstellung sind verschiedene Dinge zu beachten. Bei der Antragstellung sind verschiedene Dinge zu beachten. Die zu fördernden Anlagen und Verfahren müssen im technischen Sinne Demonstrationscharakter besitzen und möglichst in die Produktionsprozesse integriert sein. Die Technologie muss bislang in Deutschland großtechnisch erstmalig angewendet werden oder aber eine bekannte Technik muss erstmals in einer neuen verfahrenstechnischen Kombination zum Einsatz kommen (Innovationscharakter). Das Vorhaben ist i.d.R. 5 Jahre zweckentsprechend zu betreiben. Mit dem Vorhaben darf grundsätzlich nicht vor Förderzusage begonnen werden. Von der Förderung ausgeschlossen sind Forschungs- und Entwicklungsmaßnahmen, der Erwerb von Grundstücken, Umschuldungen und Nachfinanzierungen bereits begonnener bzw. abgeschlossener Vorhaben sowie Unternehmen in Schwierigkeiten im Sinne des EU-Rechts.“ [138]

Energieberatung für Nichtwohngebäude von Kommunen und gemeinnützigen Organisationen

„Das Bundesministerium für Wirtschaft und Energie (BMWi) unterstützt die Energieberatung zur Erstellung eines energetischen Sanierungskonzepts für Nichtwohngebäude oder für den Neubau von Nichtwohngebäuden nach einem förderfähigen KfW-Effizienzhaus-Standard. Gefördert werden die im Rahmen der Beratung anfallenden Beraterkosten. Die Beratung kann in Anspruch genommen werden durch:

- kommunale Gebietskörperschaften (Gemeinden, Städte, Kreise),
- rechtlich unselbstständige kommunale Eigenbetriebe,
- kommunale Zweckverbände nach dem jeweiligen Zweckverbandsrecht,
- Unternehmen mit mehrheitlich kommunalem Gesellschafterhintergrund,

---

[138] http://www.foerderdatenbank.de/Foerder-DB/Navigation/Foerderrecherche/suche.html?get=cfe83fe3d799dee3f388b5e8753bf9a1;views;document&doc=4100

- gemeinnützige Organisationsformen und anerkannte Religionsgemeinschaften, die Träger des Beratungsobjekts sind.

Ziel ist es, Einsparpotenziale zu identifizieren und wirtschaftlich sinnvolle Investitionen in Energieeffizienz aufzuzeigen und damit die Energieeffizienz im öffentlichen Bereich zu steigern. Die Förderung erfolgt in Form eines Zuschusses. Die Höhe der Förderung beträgt bis zu 80% der förderfähigen Ausgaben, jedoch maximal 15.000 EUR. Zusätzlich kann für die Präsentation des Beratungsberichts in Entscheidungsgremien eine Zuwendung in Höhe von 500 EUR beantragt werden. Diese Förderung ist auf den Zeitraum bis zum 31. Dezember 2020 begrenzt. Bei der Antragstellung sind verschiedene Dinge zu beachten. Der Antragsteller muss über die erforderliche fachliche Kompetenz verfügen. Das Nichtwohngebäude muss sich im Bundesgebiet befinden. Das energetische Sanierungskonzept bzw. die Neubauberatung müssen sich jeweils auf ein einzelnes Nichtwohngebäude beziehen.“ [139]

3.3.4 Gesundheit & Soziales

Brandenburg-Kredit Pflege

„Die Investitionsbank des Landes Brandenburg fördert Investitionen in stationäre Einrichtungen sowie gemeinschaftliche Wohnformen mit ambulanten Pflege- und Betreuungsangeboten durch zinsgünstige Darlehen. Mitfinanziert werden

- der Auf- und Ausbau von Tages-, Nacht- und Kurzzeitpflegeangeboten,
- der Neubau und Umbau vorhandener baulicher Anlagen für gemeinschaftliche Wohnformen mit ambulanten Pflege- und Betreuungsangeboten,
- der Umbau- und gegebenenfalls Anbaumaßnahmen in vorhandenen stationären Einrichtungen für die Umsetzung fachlicher Weiterentwicklungen sowie
- Investitionen in stationären Einrichtungen innerhalb der vorhandenen Kapazität zur Umsetzung brandschutztechnischer Auflagen oder für betriebsnotwendige bauliche und sinnvolle energetische Sanierungen.

Ziel ist die Bereitstellung einer modernen Infrastruktur für pflegebedürftige Menschen und Menschen mit Behinderung. Die Förderung erfolgt in Form eines zinsverbilligten Darlehens. Die Höhe der Zinsverbilligung wird individuell

---

[139] http://www.foerderdatenbank.de/Foerder-DB/Navigation/Foerderrecherche/suche.html?get=cfe83fe3d799dee3f388b5e8753bf9a1;views;document&doc=12391

festgelegt. Das Darlehen kann von 50.000 EUR im ambulanten bzw. 200.000 EUR im stationären Bereich bis maximal 2 Mio. EUR betragen. Das Darlehen ist banküblich zu besichern.“ [140]

Förderung notwendiger Bau- und Ausstattungsinvestitionen für besondere bildungspolitische Schwerpunktmaßnahmen an Schulen in öffentlicher Trägerschaft

„Das Land Brandenburg unterstützt Bau- und Ausstattungsinvestitionen, die erforderlich sind, um besondere bildungspolitische Schwerpunktmaßnahmen an Schulen in öffentlicher Trägerschaft umzusetzen. Zur Förderung des integrativen Unterrichts werden mitfinanziert:

- die Herstellung von Barrierefreiheit,
- Ausbau- und Umbaumaßnahmen im Innen- und Außenbereich der Schule,
- die Schaffung von Räumlichkeiten zur Betreuung und Versorgung und für unterrichtliche und außerunterrichtliche, therapeutische, medizinische und pflegerische Maßnahmen sowie
- die Anschaffung von Ausstattung zur Unterstützung von Schülern mit sonderpädagogischem Förderbedarf.

Im Zusammenhang mit der Zusammenfassung von Grundschulen mit Gesamtschulen oder Oberschulen werden erforderliche Ausbau-, Umbau-, Erweiterungs-, Sanierungs- und Modernisierungsmaßnahmen im Innen- und Außenbereich der Schule mitfinanziert. Die Förderung erfolgt in Form eines Zuschusses. Die Höhe des Zuschusses beträgt bis zu 75% der zuwendungsfähigen Ausgaben. Die Bagatellgrenze liegt bei 50.000 EUR. Diese Förderung ist auf den Zeitraum bis zum 31. Dezember 2019 begrenzt. Bei der Antragstellung sind verschiedene Dinge zu beachten. Der Schulstandort muss gemäß genehmigtem Schulentwicklungsplan langfristig als gesichert ausgewiesen sein. Die entsprechenden Beschlüsse zur Zusammenfassung einer Grund- mit einer Gesamt- oder Oberschule müssen nachgewiesen werden.“ [141]

---

[140] http://www.foerderdatenbank.de/Foerder-DB/Navigation/Foerderrecherche/suche.html?get=85cec0e1848a70cb7bfdb8083cff0a08;views;document&doc=12538

[141] http://www.foerderdatenbank.de/Foerder-DB/Navigation/Foerderrecherche/suche.html?get=85cec0e1848a70cb7bfdb8083cff0a08;views;document&doc=12861

Umsetzung des Bundesinvestitionsprogramms "Kinderbetreuungsfinanzierung" in Brandenburg (U-6-Ausbau-Richtlinie 2017-2020)

„Das Land Brandenburg fördert investive Maßnahmen zur Schaffung von zusätzlichen Betreuungsplätzen in Kindertageseinrichtungen und Kindertagespflege für Kinder bis zum Schuleintritt. Mitfinanziert werden Investitionsvorhaben zur Schaffung oder Ausstattung zusätzlicher Betreuungsplätze, die noch nicht bzw. frühestens ab dem 1. Juli 2016 begonnen wurden. Das Programm dient der Umsetzung des Investitionsprogramms „Kinderbetreuungsfinanzierung" 2017–2020 des Bundes. Die Förderung erfolgt in Form eines Zuschusses. Die Höhe der Förderung beträgt bis zu 90% der zuwendungsfähigen Gesamtausgaben. Der örtliche Träger der öffentlichen Jugendhilfe kann im Rahmen seines Votums eine niedrigere Zuschussobergrenze festlegen. Die Bagatellgrenze für die Förderung liegt bei 30.000 EUR. Die Bagatellgrenze für die Förderung von Kindertagespflege liegt bei 5.000 EUR. Diese Förderung ist auf den Zeitraum bis zum 31. Dezember 2020 begrenzt. Bei der Antragstellung sind verschiedene Dinge zu beachten. Die geltenden haushaltsrechtlichen Bestimmungen müssen erfüllt sein. Die Zweckbindungsfristen sind einzuhalten. In dem Bedarfsplan des örtlichen Trägers der öffentlichen Jugendhilfe muss die Betreuung von Kindern von der Geburt bis zum Schuleintritt für die betreffende Einrichtung als erforderlich ausgewiesen sein. Sofern der Träger der Einrichtung nicht selbst Eigentümer des Grundstücks ist, muss gewährleistet sein, dass der Antrag zwischen ihm und dem Eigentümer des Grundstücks abgestimmt ist. Die Investitionen müssen bis zum 30. Juni 2022 abgeschlossen sein." [142]

Altersgerecht Umbauen – Kredit

„Die KfW Bankengruppe unterstützt Maßnahmen zur Verminderung von Barrieren, zur Erhöhung von Wohnkomfort und zum Einbruchschutz in bestehenden Wohngebäuden. Im Bereich Barrierereduzierung werden folgende Einzelmaßnahmen gefördert:

- Wege zu Gebäuden und Wohnumfeldmaßnahmen,
- Eingangsbereich und Wohnungszugang,
- vertikale Erschließung/Überwindung von Niveauunterschieden,
- Anpassung der Raumgeometrie,
- Maßnahmen an Sanitärräumen,

[142] http://www.foerderdatenbank.de/Foerder-DB/Navigation/Foerderrecherche/suche.html?get=85cec0e1848a70cb7bfdb8083cff0a08;views;document&doc=13491

- Orientierung, Kommunikation und Unterstützung im Alltag,
- Gemeinschaftsräume, Mehrgenerationenwohnen

Darüber hinaus wird der Umbau zum „Standard Altersgerechtes Haus" unterstützt. Im Bereich Einbruchschutz werden gefördert:

- einbruchhemmende Haus- und Wohnungseingangstüren,
- Nachrüstsysteme für Haus- und Wohnungseingangstüren sowie Türspione,
- Nachrüstsysteme für vorhandene Fenster sowie einbruchhemmende Gitter, Klapp- und Rollläden,
- Einbruch- und Überfallmeldeanlagen und
- baugebundene Assistenzsysteme.

Die Förderung erfolgt in Form eines zinsgünstigen Darlehens. Der Finanzierungsanteil beträgt bis zu 100% der förderfähigen Kosten, maximal 50.000 EUR pro Wohneinheit." [143]

Förderung der Schulwegsicherung

„Der Landkreis Potsdam Mittelmark fördert Maßnahmen zur Schulwegsicherung. Gefördert werden zum Beispiel:

- -Drängelgitter
- -Säulen
- -Geschwindigkeitsanzeigetafeln mit landkreistypischem LOGO

Zur Art und Höhe der Förderung wurden keine Angaben gemacht." [144]

3.3.5 Infrastruktur

Brandenburg-Kredit für Kommunen - Moderne Schule

„Die Investitionsbank des Landes Brandenburg fördert den Bau und die Modernisierung von Schulen. Mitfinanziert werden alle Investitionen in den Bau, die Modernisierung und in die Ausstattung von Schulen sowie in Grundstücke, die notwendiger Bestandteil eines aktuell anstehenden Investitionsvorhabens sind. Die Förderung wird als zinsgünstiges Darlehen gewährt. Der Finanzierungsanteil beträgt bei Vorhaben unter 2 Mio. EUR bis zu 100% und bei

---

[143] http://www.foerderdatenbank.de/Foerder-DB/Navigation/Foerderrecherche/suche.html?get=cfe83fe3d799dee3f388b5e8753bf9a1;views;document&doc=11021&typ=RL

[144] http://www.potsdam-mittelmark.de/nc/de/buergerservice/dienstleistungen-suche/?tx_tlscotty_scotty%5Buid%5D=562&tx_tlscotty_scotty%5Baction%5D=showDetails&tx_tlscotty_scotty%5Bcontroller%5D=EJ7Interlock&cHash=bd54aef6a74921b9a2efdedc399242ba

Vorhaben über 2 Mio. EUR bis zu 50% der förderfähigen Investitionskosten. Die Höhe des Darlehens beträgt max. 10 Mio. EUR pro Jahr und Antragsteller. Bei Vorhaben über 2 Mio. EUR können die restlichen 50% des Kreditbedarfs aus dem Programm Brandenburg-Kredit für Kommunen finanziert werden Die ILB verbilligt zusätzlich die Konditionen des Programms IKK-Investitionskredit Kommunen der KfW, das als Refinanzierungsbasis dient. Bei der Antragstellung sind verschiedene Dinge zu beachten. Schulzweckverbände müssen ein KSA-Risikogewicht von Null haben. Von der Förderung ausgeschlossen sind Liquiditätskredite sowie Umschuldungen und Nachfinanzierungen." [145]

Förderrichtlinie Katastrophenschutz

„Das Land Brandenburg unterstützt Beschaffungen der Aufgabenträger für den Katastrophenschutz gemäß dem Brandenburgischen Brand- und Katastrophenschutzgesetz. Förderfähig sind Aufwendungen für:

- Mannschaftstransportwagen,
- Kräder und Quads,
- Kommandowagen,
- Einsatzleitwagen,
- Wechselladerfahrzeuge,
- Abrollbehälter-Behandlungsplatz,
- Notfallkrankenwagen,
- Gerätewagen (für Gefahrgut, Verpflegung, Wassergefahren und Taucher) sowie
- Mehrzweckboote mit Trailer.

Ziel ist die Modernisierung von Einsatzfahrzeugen und Ausstattung für den vorbeugenden und abwehrenden Katastrophenschutz. Die Förderung erfolgt in Form eines Zuschusses. Die Höhe der Förderung beträgt in der Regel bis zu 70%, im Ausnahmefall bis zu 80% des jeweils aktuellen Beschaffungspreises. Diese Förderung ist auf den Zeitraum bis zum 31. Dezember 2018 begrenzt. Bei der Antragstellung sind verschiedene Dinge zu beachten. Der Antragsteller muss einen angemessenen Eigenanteil zur Finanzierung der zu fördernden Beschaffungen leisten. Der Aufgabenträger muss die geförderte Ausrüstung über eine Regelnutzungsdauer von 20 Jahren für den Zuwendungszweck zu verwenden. Einsatzfahrzeuge müssen vor ihrer Zulassung durch die

---

[145] http://www.foerderdatenbank.de/Foerder-DB/Navigation/Foerderrecherche/suche.html?get=85cec0e1848a70cb7bfdb8083cff0a08;views;document&doc=12560

Landesschule und Technische Einrichtung für Brand- und Katastrophenschutz technisch abgenommen werden." [146]

Förderung der naturnahen Gewässerentwicklung und der Regulationsfähigkeit des Landschaftswasserhaushaltes (RiLi GewEntw/LWH)

„Das Land Brandenburg fördert aus Mitteln des Europäischen Landwirtschaftsfonds für die Entwicklung des ländlichen Raums (ELER) und aus Mitteln der Gemeinschaftsaufgabe „Verbesserung der Agrarstruktur und des Küstenschutzes" (GAK) Maßnahmen zur Förderung der naturnahen Entwicklung von Gewässern und zur Stärkung der Regulationsfähigkeit des Landschaftswasserhaushaltes. Mitfinanziert werden sowohl konzeptionelle Vorarbeiten als auch investive Maßnahmen. Ziele sind eine umweltverträgliche Bewirtschaftung der Wasserressourcen sowie die Verbesserung der ökologischen und chemischen Gewässerqualität und der wasserwirtschaftlichen Infrastruktur. Die Förderung erfolgt in Form eines Zuschusses. Die Höhe der Förderung beträgt

- bei Finanzierung aus dem ELER für Maßnahmen der öffentlichen Hand 100% der förderfähigen Kosten, für Körperschaften des privaten Rechts 70%, unter bestimmten Voraussetzungen 90% der förderfähigen Kosten, maximal jedoch 3 Mio. EUR je Vorhaben,
- bei Finanzierung aus der GAK 70%, unter bestimmten Voraussetzungen 90% der förderfähigen Kosten.

Diese Förderung ist auf den Zeitraum bis zum 31. Dezember 2020 begrenzt. Bei der Antragstellung sind verschiedene Dinge zu beachten. Das Vorhaben muss der Erreichung der Bewirtschaftungsziele des Brandenburgischen Wassergesetzes dienen. Die erforderlichen Nutzungsrechte müssen bestehen und die behördlichen Zulassungen müssen vorliegen. Die Maßnahme muss mit der EU-Hochwasserrisikomanagementrichtlinie vereinbar sein. Das Vorhaben muss fachlich geprüft und befürwortet werden. Die Maßnahme muss in der definierten Fördergebietskulisse im Land Brandenburg liegen:

- Für ELER-finanzierte Maßnahmen sind dies „Gebiete mit spezifischen Natur- und Gewässerschutzzielen im ländlichen Raum Brandenburgs".
- Für GAK-finanzierte Maßnahmen ist dies der „Ländliche Raum" zur Verbesserung der ländlichen Strukturen gemäß GAK-Rahmenplan.

---

[146] http://www.foerderdatenbank.de/Foerder-DB/Navigation/Foerderrecherche/suche.html?get=85cec0e1848a70cb7bfdb8083cff0a08;views;document&doc=12962

ELER-Maßnahmen müssen den im Rahmen der Projektauswahl veröffentlichten Mindestpunktwert erreichen. ELER-Vorhaben zur naturnahen Entwicklung der Gewässer müssen auf der Grundlage von oder im Einklang mit Konzeptionen des Wasserwirtschaftsamtes stehen." [147]

Förderung öffentlicher Abwasserableitungs- und Abwasserbehandlungsanlagen und öffentlicher Wasserversorgungsanlagen

„Das Land Brandenburg fördert Investitionen in den Bereichen Abwasserbeseitigung und Trinkwasserversorgung, für deren Umsetzung ein besonderes wasserwirtschaftliches Interesse besteht. Mitfinanziert werden [148]

- Maßnahmen zur Umsetzung der mit der Kommunalabwasserverordnung vorgegebenen Anforderungen an öffentliche Abwasserableitungs- und Abwasserbehandlungsanlagen (Teil B): Neubau, Erweiterung, Verbesserung und Sanierung von Abwasserbehandlungsanlagen sowie Anlagen zur Schmutzwasserableitung und
- Maßnahmen zur Erfüllung der mit der Trinkwasserverordnung vorgegebenen Anforderungen an öffentliche Wasserversorgungsanlagen (Teil C): Neubau, Erweiterung, Verbesserung und Sanierung von Anlagen zur Wassergewinnung, -aufbereitung, -verteilung, -speicherung und -überleitung.

Ziel ist die Umsetzung der Ziele der europäischen Wasserahmenrichtlinie. Die Förderung erfolgt in Form eines Zuschusses. Die Höhe der Förderung beträgt

- für Vorhaben zur Abwasserbeseitigung: 30% der förderfähigen Gesamtausgaben für Maßnahmen, die aus Landesmitteln gefördert werden und 70% für Maßnahmen, die aus Mitteln der Gemeinschaftsaufgabe „Verbesserung der Agrarstruktur und des Küstenschutzes" (GAK) gefördert werden.
- für Vorhaben zur Trinkwasserversorgung: 30% der förderfähigen Gesamtausgaben.

Die Bagatellgrenze liegt bei 30.000 EUR. Diese Förderung ist auf den Zeitraum bis zum 31. Dezember 2019 begrenzt. Bei der Antragstellung sind verschiedene Dinge zu beachten. An dem Vorhaben muss ein besonderes wasserwirtschaftliches Interesse bestehen. Dieses ist durch eine fachtechnische Beurteilung zu begründen. Die notwendigen behördlichen Zulassungen müssen

[147] http://www.foerderdatenbank.de/Foerder-DB/Navigation/Foerderrecherche/suche.html?get=85cec0e1848a70cb7bfdb8083cff0a08;views;document&doc=11443

[148] (Teil A) wurde in der Vorstellung der Förderung nicht mit aufgeführt, konnte daher hier auch nicht mit aufgeführt werden.

vorliegen. Vorhaben zur Abwasserbeseitigung müssen dem Abwasserbeseitigungskonzept gemäß § 66 Absatz 1 des Brandenburgischen Wassergesetzes entsprechen. Mit einer Maßnahme nach Teil B darf vor Erteilung des Zuwendungsbescheides nicht begonnen werden.“ [149]

Förderung von Investitionen zur Verbesserung der Verkehrsverhältnisse - kommunaler Straßenbau (Rili KStB Bbg 2016)

„Das Land Brandenburg fördert Investitionen in den Straßenbau. Mitfinanziert werden der Neu-, Um- oder Ausbau, die Grunderneuerung und die Erhaltung verkehrswichtiger öffentlicher Straßen in der Baulast der Gemeinden, kreisfreier Städte, Landkreise oder kommunaler Zusammenschlüsse, die anstelle von Gemeinden oder Landkreisen Träger der Baulast sind. Ziel der Förderung ist die Verbesserung der Verkehrsverhältnisse der Gemeinden. Die Förderung erfolgt in Form eines Zuschusses. Die Höhe der Förderung beträgt in der Regel 75% der zuwendungsfähigen Ausgaben. Für bestimmte Vorhaben gelten abweichende Fördersätze. Diese Förderung ist auf den Zeitraum bis zum 31. Dezember 2019 begrenzt. Bei der Antragstellung sind verschiedene Dinge zu beachten. Das Vorhaben muss nach Art und Umfang zur Verbesserung der Verkehrsverhältnisse erforderlich sein. Die Ziele der Raumordnung und der Landesplanung und die Belange des Natur- und Denkmalschutzes sind zu berücksichtigen. Das Vorhaben muss bau- und verkehrstechnisch nach den anerkannten Regeln der Technik und unter Beachtung des Grundsatzes der Wirtschaftlichkeit und Sparsamkeit geplant sein. Belange von Menschen mit Behinderungen und Mobilitätseinschränkungen sind zu berücksichtigen. Die Gesamtfinanzierung muss gesichert sein. Das Vorhaben muss mit Fördervorhaben anderer Zuwendungsgeber im gleichen Gebiet abgestimmt sein.“ [150]

Förderung von vereinseigenen und gepachteten Sportstätten im Rahmen des Sportinfrastrukturprogramms (außerhalb LEADER)

„Das Land Brandenburg fördert Baumaßnahmen an vereinseigenen und gepachteten Sportanlagen, an Vereinsräumen und kommunalen Sportstätten. Gefördert werden

- Neu- und Erweiterungsbauten,

---

[149] http://www.foerderdatenbank.de/Foerder-DB/Navigation/Foerderrecherche/suche.html?get=85cec0e1848a70cb7bfdb8083cff0a08;views;document&doc=7595

[150] http://www.foerderdatenbank.de/Foerder-DB/Navigation/Foerderrecherche/suche.html?get=85cec0e1848a70cb7bfdb8083cff0a08;views;document&doc=10714

- Instandsetzungen,
- Modernisierungen und Umbauten,
- Maßnahmen für die Einhaltung und Verbesserung des Umwelt- und Naturschutzes
- Maßnahmen für den barrierefreien Ausbau,
- Planungsleistungen sowie Grund- und Erstausstattungen.

Ziel ist die Sicherstellung der Freizeitbedürfnisse der Bürger. Die Förderung erfolgt in Form eines Zuschusses. Die Höhe der Förderung beträgt bis zu 75% der förderfähigen Gesamtkosten. Die Bagatellgrenze liegt bei 10.000 EUR. Diese Förderung ist auf den Zeitraum bis zum 31. Dezember 2019 begrenzt. Bei der Antragstellung sind verschiedene Dinge zu beachten. Es muss ein sportfachlicher Bedarf vorliegen. Der Antragsteller muss gewährleisten, dass er die Sportstätte ordnungsgemäß errichten, verwenden und unterhalten sowie die Folgekosten aufbringen kann. Die Gesamtfinanzierung des Vorhabens muss sichergestellt sein. Bei Neu-, Um- und Erweiterungsbauten müssen die bauordnungs- und bauplanungsrechtlichen Genehmigungen vorliegen. Mit dem Vorhaben darf bei Antragstellung noch nicht begonnen worden sein.“ [151]

Gemeinschaftsaufgabe "Verbesserung der regionalen Wirtschaftsstruktur" - Förderung der wirtschaftsnahen kommunalen Infrastruktur - (GRW-I)

„Das Land Brandenburg fördert aus Mitteln der Gemeinschaftsaufgabe „Verbesserung der regionalen Wirtschaftsstruktur” wirtschaftsnahe kommunale Infrastrukturvorhaben. Die Förderung ist prioritär auf Regionale Wachstumskerne ausgerichtet. Regionale Wachstumskerne sind Standorte mit überdurchschnittlichen wirtschaftlichen und/oder wissenschaftlichen Entwicklungspotenzialen. Förderfähig sind:

- Erschließung von Industrie- und Gewerbegeländen,
- Errichtung oder Ausbau zur Anbindung von Gewerbebetrieben an das überregionale Straßen- und Schienenverkehrsnetz,
- Errichtung oder Ausbau Versorgungsleitungen und Verteilungsanlagen für Wasser, Abwasser, Strom, Gas, Fernwärme und andere Energie zur Anbindung von Gewerbebetrieben an die regionalen bzw. überregionalen Netze,
- Maßnahmen im Bereich der touristischen Infrastruktur (zur Qualitätssteigerung in staatlich anerkannten Kur- und Erholungsorten

[151] http://www.foerderdatenbank.de/Foerder-DB/Navigation/Foerderrecherche/suche.html?get=85cec0e1848a70cb7bfdb8083cff0a08;views;document&doc=12860

und zur Unterstützung und Weiterentwicklung touristischer Produkte mit besonderem Potenzial in Brandenburg),

- Errichtung oder Ausbau von Gewerbezentren (Forschungs-, Telematik-, Technologie-, Gründerzentren bzw. -parks u.Ä.),
- Einrichtung, Modernisierung und Ausbau von Einrichtungen der beruflichen Bildung,
- Errichtung und Ausbau von Kommunikationsverbindungen,
- Regionalbudget für Regionale Wachstumskerne inklusive umgebende bzw. angrenzende Landkreise,
- Regionalmanagement für Regionale Wachstumskerne inklusive umgebende bzw. angrenzende Landkreise,
- Erarbeitung von regionalen Entwicklungskonzepten für Regionale Wachstumskerne und Kur- und Erholungsorte sowie
- Planungs- und Beratungsleistungen zur Vorbereitung förderfähiger Infrastrukturmaßnahmen (ausgenommen Bauleitplanung sowie Beratung über die Antragstellung selbst).

Ziel ist es, die Wettbewerbs- und Anpassungsfähigkeit der Wirtschaft zu stärken und neue Arbeitsplätze zu schaffen oder vorhandene zu sichern. Die Förderung erfolgt in Form eines Zuschusses. Die Höhe der Förderung setzt sich zusammen aus einer Basisförderung von bis zu 50% der zuwendungsfähigen Ausgaben sowie ggf. einem Zuschlag (Potenzialförderung). Eine Potenzialförderung von bis zu 30% ist möglich für Investitionen in regionalen Wachstumskernen, staatlich anerkannten Kur- und Erholungsorten sowie bei Maßnahmen der Landkreise zur Modernisierung der Radwege. Die Zuwendung für ein Regionalbudget beträgt bis zu 80% der förderfähigen Ausgaben, höchstens jedoch 150.000 EUR pro Jahr bei einer Laufzeit von bis zu drei Jahren. Die Zuwendung für ein Regionalmanagement beträgt bis zu 75% der förderfähigen Ausgaben, höchstens jedoch 200.000 EUR pro Jahr bei einer Laufzeit von bis zu drei Jahren. Die Zuwendungen für Planungs- und Beratungsleistungen sowie für Regionale Entwicklungskonzepte betragen bis zu 75% der förderfähigen Ausgaben, höchstens jedoch 50.000 EUR pro Maßnahme. Zu erwartende Gewinne bzw. Überschüsse aus der Maßnahme innerhalb der Zweckbindungsfrist werden auf die Förderung angerechnet. Diese Förderung ist auf den Zeitraum bis zum 31. Dezember 2020 begrenzt. Bei der Antragstellung sind verschiedene Dinge zu beachten. Infrastrukturmaßnahmen sind nur förderfähig, soweit dies für die Entwicklung der gewerblichen Wirtschaft unabdingbar ist. Es muss die begründete Aussicht bestehen, dass durch die Maßnahme neue Arbeitsplätze geschaffen oder bestehende Arbeitsplätze in gewerblichen Unternehmen gesichert werden. Der Antragsteller muss anhand einer mittelfristigen Finanzplanung nachweisen, dass die Folgekosten der Investition getragen werden können. Das Investitionsvolumen muss in der Regel mindestens 50.000 EUR betragen.“ [152]

IKU - Barrierearme Stadt

„Die KfW Bankengruppe fördert Investitionen kommunaler Unternehmen und gemeinnütziger Organisationen zur barrierefreien bzw. -armen Umgestaltung der kommunalen und sozialen Infrastruktur. Mitfinanziert werden

- Maßnahmen an bestehenden Gebäuden der kommunalen und sozialen Infrastruktur: Wege zu Gebäuden und Stellplätze, Gebäudezugänge und Servicesysteme, Vertikale Erschließung/Überwindung von Niveauunterschieden, Raumgeometrie, Sanitärräume, Bodenbeläge in Innenräumen, Bedienelemente, Raumakustik, Orientierung, Kommunikation, Sportstätten sowie
- Maßnahmen an bestehenden Verkehrsanlagen und im öffentlichen Raum.

Die Förderung wird als zinsgünstiges Darlehen gewährt. Finanziert werden bis zu 100% der förderfähigen Investitionskosten. Der Kredithöchstbetrag beträgt 50 Mio. EUR pro Vorhaben. Bei der Antragstellung sind verschiedene Dinge zu beachten. Die Maßnahmen müssen im Einklang mit den Zielen bestehender integrierter Stadt(teil-)entwicklungskonzepte stehen oder aus diesen abgeleitet werden. Alle Maßnahmen müssen den technischen Mindestanforderungen entsprechen und sind durch Fachunternehmen des Bauhandwerks auszuführen. Im Rahmen von Investor-Betreiber-Modellen müssen die zu finanzierenden Investitionsgüter für die Laufzeit des KfW-Kredits von einer kommunalen Gebietskörperschaft, einem rechtlich unselbständigen Eigenbetrieb bzw. einem Gemeindeverband, einem Unternehmen mit mindestens 50%igem kommunalen Gesellschafterhintergrund oder einer gemeinnützigen Organisation genutzt werden. Von der Förderung ausgeschlossen sind Umschuldungen oder Nachfinanzierungen bereits abgeschlossener Vorhaben, Leasingfinanzierungen, Eigenleistungen, Räume zur Glaubensausübung, Investitionen von politischen Parteien und wohnwirtschaftliche Projekte.“ [153]

---

[152] http://www.foerderdatenbank.de/Foerder-DB/Navigation/Foerderrecherche/suche.html?get=85cec0e1848a70cb7bfdb8083cff0a08;views;document&doc=2191

[153] http://www.foerderdatenbank.de/Foerder-DB/Navigation/Foerderrecherche/suche.html?get=3c34822b15c59c1939972cadcf02849b;views;document&doc=11732

Förderung von nicht investiven Maßnahmen zur Umsetzung des Nationalen Radverkehrsplans

„Das Bundesministerium für Verkehr und digitale Infrastruktur (BMVI) fördert nichtinvestive Vorhaben im Bereich des Radverkehrs, welche die Umsetzung des „Nationalen Radverkehrsplans 2020" (NRVP) und die Koordinierung von Radverkehrsmaßnahmen unterstützen. Gefördert werden im Rahmen von jährlichen Projektaufrufen Modellprojekte zu zwei jährlich wechselnden Förderschwerpunkten sowie unabhängig von einem Projektaufruf und einer gesonderten Veröffentlichung auch:

- Themen, die sich für begleitende Untersuchungen eignen,
- Vorhaben, mit denen ein besonderer Handlungs- bzw. Erkenntnisbedarf gedeckt werden soll und
- Vorhaben, die einen grundsätzlichen Aufgaben- und Koordinierungscharakter im Hinblick auf den NRVP haben.

Ziel ist es, die Verkehrsverhältnisse für den Radverkehr in Deutschland zu verbessern und eine nachhaltige Mobilität zu sichern. Die Förderung erfolgt in Form eines Zuschusses für einen Zeitraum von bis zu drei Jahren. Die Höhe der Förderung beträgt für alle nichtinvestiven Ausgaben bzw. Kosten – für juristische Personen des öffentlichen Rechts bis zu 80% der zuwendungsfähigen Gesamtausgaben, – für juristische Personen des privaten Rechts für Informations- und Kommunikationskampagnen bis zu 80%, maximal 100.000 EUR je Förderjahr und für technische Innovationen, Forschungs- und Entwicklungsvorhaben nicht investiver Art, Machbarkeitsstudien und sonstige Vorhaben bis 50%, maximal 200.000 EUR je Förderjahr. Für kleine und mittelständische Unternehmen (KMU) erhöht sich die Förderquote auf bis zu 70%. Investive Ausgaben bzw. Kosten können gefördert werden, wenn ihr Anteil kleiner als 20% der Zuwendung ist und sie zur Erreichung des Zuwendungszwecks zwingend erforderlich sind. Vorhaben können ausnahmsweise durch einen Festbetrag gefördert werden, wenn die zuwendungsfähigen Ausgaben oder Kosten für das einzelne Vorhaben nicht mehr als 30.000 EUR betragen. Diese Förderung ist auf den Zeitraum bis zum 31. Dezember 2020 begrenzt. Bei der Antragstellung sind verschiedene Dinge zu beachten. Antragsteller müssen die nötige fachliche Qualifikation und eine ausreichende Kapazität zur Durchführung der Vorhaben besitzen und eine ausreichende Bonität nachweisen. An der Durchführung des Vorhabens muss ein erhebliches Bundesinteresse bestehen. Das Vorhaben darf ohne die Förderung nicht oder nicht im notwendigen Umfang durchgeführt werden können. Die zu fördernde Maßnahme darf noch nicht begonnen worden sein. Von der Förderung ausgeschlossen sind Antragsteller, über deren Vermögen ein

Insolvenzverfahren beantragt wurde, die zur Abgabe der Vermögensauskunft verpflichtet sind oder bei denen diese abgenommen wurde sowie Unternehmen in Schwierigkeiten im Sinne des EU-Rechts.“ [154]

Förderung zur Unterstützung des Breitbandausbaus in der Bundesrepublik Deutschland

„Die Bundesregierung fördert deutschlandweit den Ausbau leistungsfähiger Breitbandnetze in den Regionen, in denen ein privatwirtschaftlich gestützter Ausbau bisher noch nicht gelungen ist. Gefördert werden Investitionen zum flächendeckenden Ausbau bislang unterversorgter Gebiete mit 50 Mbit pro Sekunde, um die Wirtschaftlichkeitslücke zu schließen, die sich bei Telekommunikationsunternehmen ergeben (Wirtschaftlichkeitslückenmodell). Zudem können Kommunen gefördert werden, passive Infrastrukturen wie z.B. Glasfaserstrecken zu errichten, die sie den Netzbetreibern verpachten (Betreibermodell). Zur Vorbereitung oder Durchführung der Maßnahmen im Rahmen der beiden Modelle können zur Qualitätssicherung externe Planungs- und/oder Beratungsleistungen gefördert werden. Ziel ist es, hochleistungsfähige Breitbandnetze in unterversorgten Gebieten zu schaffen. Die Förderung erfolgt in Form eines Zuschusses. Die Höhe der Förderung des Bundes als Basisfördersatz beträgt im Regelfall 50% der zuwendungsfähigen Ausgaben, maximal jedoch 10 Mio. EUR, im Einzelfall maximal 15 Mio. EUR pro Projekt. Die Bagatellgrenze beträgt 100.000 EUR. Der Basisfördersatz kann erhöht werden, wenn es sich bei dem Projektgebiet um ein Gebiet mit einer geringen Wirtschaftskraft handelt. Der Eigenanteil der Kommune liegt bei mindestens 10%. Die Höhe der Förderung für die Planungs- und/oder Beratungsleistungen beträgt einmalig maximal 50.000 EUR. Diese Förderung ist auf den Zeitraum bis zum 31. Dezember 2019 begrenzt. Bei der Antragstellung sind verschiedene Dinge zu beachten. Eine Förderung ist nur möglich, wenn das Projektgebiet nicht innerhalb eines Zeitraums von drei Jahren marktgetrieben ausgebaut wird. Die Förderung soll zu einer wesentlichen Verbesserung der aktuellen Breitbandversorgung in der gesamten Gebietskörperschaft führen. Technische Vorgaben sind zu erfüllen. Der Zuwendungsempfänger muss die Leistungen, die sich aus dem Wirtschaftlichkeitslückenmodell sowie dem Betreibermodell ergeben, in einem transparenten und diskriminierungsfreien Verfahren ausschreiben. Gemeindeverbände müssen durch einen entsprechenden öffentlich-rechtlichen Vertrag bzw. eine unterzeichnete Kooperationserklärung

[154] http://www.foerderdatenbank.de/Foerder-DB/Navigation/Foerderrecherche/suche.html?get=cfe83fe3d799dee3f388b5e8753bf9a1;views;document&doc=10575

zum Zeitpunkt der Antragsstellung und für die Dauer und den Umfang des beantragten Projektes nachgewiesen werden. Im Rahmen der Förderung nach dem Wirtschaftlichkeitslückenmodell sowie dem Betreibermodell müssen die an den Zuwendungsempfänger ausgezahlten Fördermittel vollständig an privatwirtschaftliche Auftragnehmer weitergegeben werden. Die geförderte Breitbandinfrastruktur im Rahmen des Wirtschaftlichkeitslückenmodells ist für einen Zeitraum von mindestens sieben Jahren ab Inbetriebnahme dem Zuwendungszweck entsprechend zu verwenden (Zweckbindungsfrist) und im Rahmen des Betreibermodells entsprechend der Vertragslaufzeit des Pachtvertrags." [155]

Klimaschutzinitiative - Bundeswettbewerb Klimaschutz im Radverkehr

„Das Bundesministerium für Umwelt, Naturschutz, Bau und Reaktorsicherheit (BMUB) fördert modellhafte Projekte zur Verbesserung der Radverkehrssituation in einem definierten Gebiet. Gefördert werden investive Projekte mit Modellcharakter zur radverkehrsfreundlichen (Neu-)Gestaltung des Straßen- und Siedlungsraums, zur Errichtung zusätzlicher Radverkehrseinrichtungen sowie zur Etablierung lokaler Radverkehrsdienstleistungen, die zu einer dauerhaften Aufwertung der Radverkehrssituation in einem klar definierten, abgegrenzten Gebiet führen. Ziel ist es, die Umsetzung wegweisender investiver Modellprojekte im kommunalen Klimaschutz in verschiedenen Handlungsfeldern voranzubringen. Die Förderung erfolgt in Form eines Zuschusses. Die Höhe der Förderung beträgt bis zu 70% der zuwendungsfähigen Ausgaben bzw. Kosten, mindestens jedoch 200.000 EUR. Finanzschwache Kommunen können eine höhere Förderquote von bis zu 90% erhalten. Ergänzend zur Investitionsförderung können begleitende Maßnahmen zur Öffentlichkeitsarbeit in Höhe von max. 30.000 EUR pro Vorhaben sowie für begleitende Ingenieurdienstleistungen in Höhe von max. 5% der förderfähigen Investitionsausgaben/-kosten gefördert werden. Diese Förderung ist auf den Zeitraum bis zum 15. Mai 2018 begrenzt. Bei der Antragstellung sind verschiedene Dinge zu beachten. Das Vorhaben muss zu den Klimaschutzzielen der Bundesregierung beitragen. Die Minderung von Treibhausgasemissionen ist qualitativ und quantitativ darzustellen. An jedem Verbundvorhaben muss mindestens eine Kommune, in der das Modellprojekt durchgeführt werden soll, beteiligt sein. Das Projekt muss modellhaft und übertragbar sein und eine hohe bundesweite Ausstrahlung aufweisen. Die Antragsteller müssen über die

[155] http://www.foerderdatenbank.de/Foerder-DB/Navigation/Foerderrecherche/suche.html?get=cfe83fe3d799dee3f388b5e8753bf9a1;views;document&doc=12735

betreffenden Flächen verfügen können. Die Zweckbindungsfrist beträgt fünf Jahre nach Abnahme der Leistung. Die Partner eines Verbundprojekts regeln ihre Zusammenarbeit in einer schriftlichen Kooperationsvereinbarung. Von der Förderung ausgeschlossen sind Antragsteller, über deren Vermögen ein Insolvenzverfahren beantragt oder eröffnet worden ist, bereits begonnene Vorhaben sowie Prototypen, Eigenleistungen, gebrauchte Anlagen und Planungsleistungen mit Ausnahme von begleitenden Ingenieur-Dienstleistungen.“ [156]

Klimaschutzinitiative - Klimaschutzprojekte in sozialen, kulturellen und öffentlichen Einrichtungen

„Das Bundesministerium für Umwelt, Naturschutz, Bau und Reaktorsicherheit (BMUB) fördert die Erschließung von Effizienzpotenzialen und Emissionsminderungen in Kommunen. Gefördert werden

- Einstiegsberatungen für Kommunen, die am Beginn ihrer Klimaschutzaktivitäten stehen,
- die Erstellung von Klimaschutzkonzepten und Teilkonzepten,
- die Umsetzung von Klimaschutzkonzepten und Teilkonzepten durch Klimaschutzmanager sowie die Umsetzung ausgewählter Maßnahmen,
- die Einführung bzw. Weiterführung von Energiesparmodellen in Kindertagesstätten, Schulen, Einrichtungen der Kinder- und Jugendhilfe sowie Sportstätten durch Klimaschutzmanager,
- Sachausgaben für pädagogische Arbeit sowie geringinvestive Klimaschutzmaßnahmen im Rahmen der Starterpakete für Energiesparmodelle,
- die Sanierung von Außenbeleuchtungs-, Straßenbeleuchtungs- und Lichtsignalanlagen durch LED,
- den Einbau hocheffizienter LED bei der Sanierung von Innen- und Hallenbeleuchtung,
- die Sanierung und den Austausch raumlufttechnischer Geräte,
- nachhaltige Mobilität,
- Klimaschutz bei stillgelegten Siedlungsabfalldeponien,
- Klimaschutz in Rechenzentren sowie

---

[156] http://www.foerderdatenbank.de/Foerder-DB/Navigation/Foerderrecherche/suche.html?get=cfe83fe3d799dee3f388b5e8753bf9a1;views;document&doc=12890

- ausgewählte Klimaschutzinvestitionen für die technischen Anlagen und Gebäude von Kindertagesstätten, Schulen, Einrichtungen der Kinder- und Jugendhilfe sowie Sportstätten.

Vertiefte integrierte Quartierskonzepte zur Steigerung der Energieeffizienz der Gebäude und der Infrastruktur insbesondere zur Wärmeversorgung werden im Rahmen des KfW-Programms Energetische Stadtsanierung finanziell unterstützt. Ziel ist es, ergänzende Anreize zu legislativen Instrumenten zu setzen und die Treibhausgasemissionen in den Kommunen bis zum Jahr 2020 um mindestens 40% im Vergleich zu 1990 zu senken. Die Förderung erfolgt in Form eines Zuschusses. Die Höhe der Förderung ist abhängig von der Art der Maßnahme:

- Einstiegsberatungen für Kommunen, die am Beginn ihrer Klimaschutzaktivitäten stehen: bis zu 65% der zuwendungsfähigen Ausgaben, mindestens jedoch 5.000 EUR,
- Erstellung von Klimaschutzkonzepten: bis zu 65% der zuwendungsfähigen Ausgaben, mindestens jedoch 10.000 EUR,
- Erstellung von Klimaschutzteilkonzepten: bis zu 50% der zuwendungsfähigen Ausgaben, mindestens jedoch 10.000 EUR,
- Stelle für Klimaschutzmanagement: im Regelfall bis zu 65% der zuwendungsfähigen Ausgaben, maximal 20.000 EUR für Maßnahmen im Bereich Öffentlichkeitsarbeit,
- Anschlussvorhaben in Bezug auf die Stelle für Klimaschutzmanagement: bis zu 40% der zuwendungsfähigen Ausgaben, maximal 10.000 EUR für Maßnahmen im Bereich Öffentlichkeitsarbeit,
- ausgewählte Klimaschutzmaßnahmen im Rahmen des Klimaschutzmanagements: bis zu 50% der zuwendungsfähigen Ausgaben, maximal 200.000 EUR pro Maßnahme,
- Einführung bzw. Weiterführung von Energiesparmodellen in Kindertagesstätten, Schulen, Einrichtungen der Kinder- und Jugendhilfe sowie Sportstätten durch Klimaschutzmanager: bis zu 65% der zuwendungsfähigen Ausgaben, mindestens jedoch 10.000 EUR,
- Sachausgaben für pädagogische Arbeit sowie geringinvestive Klimaschutzmaßnahmen im Rahmen der Starterpakete für Energiesparmodelle für Energiesparmodelle in Kindertagesstätten, Schulen, Einrichtungen der Kinder- und Jugendhilfe sowie Sportstätten: 50% der zuwendungsfähigen Ausgaben, mindestens jedoch 5.000 EUR,

- investive Maßnahmen – Sanierung von Außenbeleuchtungs-, Straßenbeleuchtungs- und Lichtsignalanlagen durch LED: bis zu 30% der zuwendungsfähigen Ausgaben, mindestens jedoch 5.000 EUR,
- investive Maßnahmen – Einbau hocheffizienter LED bei der Sanierung von Innen- und Hallenbeleuchtung: bis zu 30% der zuwendungsfähigen Ausgaben, mindestens jedoch 5.000 EUR,
- investive Maßnahmen – Sanierung und den Austausch raumlufttechnischer Geräte: bis zu 25% der zuwendungsfähigen Ausgaben, mindestens jedoch 5.000 EUR,
- investive Maßnahmen – nachhaltige Mobilität: 50% der zuwendungsfähigen Ausgaben, mindestens jedoch 10.000 EUR, maximal 350.000 EUR pro Bereich,
- investive Maßnahmen – Klimaschutz bei stillgelegten Siedlungsabfalldeponien: 50% der zuwendungsfähigen Ausgaben, mindestens jedoch 10.000 EUR, maximal 450.000 EUR pro Bereich,
- investive Maßnahmen – Klimaschutz in Rechenzentren: 40% der zuwendungsfähigen Ausgaben, mindestens jedoch 5.000 EUR sowie
- ausgewählte Klimaschutzinvestitionen für die technischen Anlagen und Gebäude von Kindertagesstätten, Schulen, Einrichtungen der Kinder- und Jugendhilfe sowie Sportstätten: bis zu 50% der zuwendungsfähigen Ausgaben, mindestens jedoch 5.000 EUR.

Finanzschwache Kommunen können je nach jeweiligem Landesrecht und vorbehaltlich der beihilferechtlichen Zulässigkeit höhere Förderquoten erhalten. Diese Förderung ist auf den Zeitraum bis zum 31. Dezember 2019 begrenzt. Bei der Antragstellung sind verschiedene Dinge zu beachten. Der Antragsteller muss über eine ausreichende personelle sowie finanzielle Kapazität zur Durchführung des Vorhabens verfügen. Die Finanzierung des gesamten Vorhabens muss sichergestellt sein. Das Vorhaben muss innerhalb des im Zuwendungsbescheid genannten Bewilligungszeitraums begonnen, durchgeführt und abgeschlossen werden. Die Zweckbindungsfrist bei investiven Maßnahmen beträgt fünf Jahre nach Abnahme der Leistung. Von der Förderung ausgeschlossen sind Antragsteller, über deren Vermögen ein Insolvenzverfahren beantragt oder eröffnet worden ist oder die eine eidesstattliche Versicherung abgegeben haben."[157]

[157] http://www.foerderdatenbank.de/Foerder-DB/Navigation/Foerderrecherche/suche.html?get=cfe83fe3d799dee3f388b5e8753bf9a1;views;document&doc=10153

Lärmsanierung an bestehenden Schienenwegen der Eisenbahnen des Bundes

„Das Bundesministerium für Verkehr und digitale Infrastruktur (BMVI) fördert Maßnahmen zur Lärmsanierung an bestehenden Schienenwegen der Eisenbahnen des Bundes. Gefördert werden Maßnahmen

- des aktiven Lärmschutzes an Bahnanlagen sowie
- des passiven Lärmschutzes an baulichen Anlagen.

Die Förderung erfolgt in Form eines Zuschusses. Die Höhe des Zuschusses hängt von der jeweiligen Maßnahme bzw. dem Maßnahmenbündel ab. Planungs- und Verwaltungskosten werden pauschal i.H.v. 18% als Zuschlag auf die zuwendungsfähigen Baukosten gefördert. Bei der Antragstellung sind verschiedene Dinge zu beachten. Die Lärmsanierungsmaßnahme muss im Gesamtkonzept der Lärmsanierung enthalten sein. Die Abwägung zwischen und innerhalb aktiver und passiver Maßnahmen muss nach Nutzen-Kosten-Gesichtspunkten erfolgen. Der Beurteilungspegel ist nach § 3 der Verkehrslärmschutzverordnung (16. BImSchV) zu berechnen. Von der Förderung ausgeschlossen sind Mieter und Pächter sowie Antragsteller, über deren Vermögen ein Insolvenz- oder vergleichbares Verfahren beantragt oder eröffnet worden ist oder gegen die eine Zwangsvollstreckung eingeleitet oder betrieben wird.“ [158]

Leben auf dem Land

„Die Landwirtschaftliche Rentenbank stellt zinsgünstige Kredite für Investitionen im ländlichen Raum bereit. Gefördert werden

- Investitionen in die Verbesserung ländlicher Infrastruktur,
- Investitionen in den ländlichen Tourismus,
- Investitionen im Zusammenhang mit LEADER-Maßnahmen oder ähnlichen öffentlichen Förderprogrammen für den ländlichen Raum,
- typische Aspekte der Dorferneuerung und Ortsbildgestaltung,
- Investitionen in Kulturgüter,
- Erwerb, Erhaltung und Erweiterung von agrarwirtschaftlich oder ehemals agrarwirtschaftlich genutzter Bausubstanz auch zum Zwecke der Vermietung,

---

[158] http://www.foerderdatenbank.de/Foerder-DB/Navigation/Foerderrecherche/suche.html?get=cfe83fe3d799dee3f388b5e8753bf9a1;views;document&doc=10939

- Investitionen von Landwirten und mitarbeitenden Familienangehörigen zur Erzielung von außerlandwirtschaftlichen Erwerbseinkommen sowie der Wohnungsbau von Landwirten zur Eigennutzung.

Ziel ist es, die Wohn- und Lebensbedingungen sowie die Infrastruktur in ländlichen Regionen Deutschlands zu verbessern. Die Förderung wird als zinsgünstiges Darlehen gewährt. In Abhängigkeit des Zinsumfeldes können die Darlehen durch einen Zuschuss ergänzt werden. Die Höhe des Darlehens beträgt bis zu 100% der förderfähigen Investitionskosten und soll je Kreditnehmer und Jahr 10 Mio. EUR nicht übersteigen. Diese Förderung ist auf den Zeitraum bis zum 30. Juni 2021 begrenzt. Bei der Antragstellung sind verschiedene Dinge zu beachten. Die Investitionen müssen im ländlichen Raum stattfinden oder der Entwicklung angrenzender ländlicher Regionen unmittelbar dienen. Als „ländlicher Raum" sind alle Städte und Gemeinden bis 50.000 Einwohner außerhalb von Verdichtungsgebieten anzusehen. Nicht gefördert werden Investitionen in die ärztliche Nahversorgung und in Pflegeeinrichtungen, Kosten im Zusammenhang mit Erzeugnissen der Fischerei und Aquakultur und der Primärproduktion landwirtschaftlicher Erzeugnisse sowie Umschuldungen und laufende Kosten." [159]

Räumliche Strukturmaßnahmen

„Die Landwirtschaftliche Rentenbank fördert Infrastrukturmaßnahmen in ländlich geprägten Regionen. Gefördert werden Investitionen in die kommunale Infrastruktur sowie andere Vorhaben und Einrichtungen der kommunalen Daseinsvorsorge. Ziel ist es, zur Verbesserung des wirtschaftlichen und kommunalen Umfeldes beizutragen. Die Förderung wird als zinsgünstiges Darlehen gewährt. In Abhängigkeit des Zinsumfeldes können die Darlehen durch einen Zuschuss ergänzt werden. Die Höhe des Darlehens beträgt bis zu 100% der Investitionskosten und soll je Kreditnehmer und Jahr 10 Mio. EUR nicht übersteigen. Diese Förderung ist auf den Zeitraum bis zum 30. Juni 2021 begrenzt. Bei der Antragstellung sind verschiedene Dinge zu beachten. Es muss sich um Investitionen zur Erfüllung hoheitlicher Aufgaben handeln, die keine wirtschaftliche Tätigkeit im Sinne des EU-Beihilferechts darstellen. Die Investitionen müssen im ländlichen Raum stattfinden oder der Entwicklung angrenzender ländlicher Regionen unmittelbar dienen." [160]

---

[159] http://www.foerderdatenbank.de/Foerder-DB/Navigation/Foerderrecherche/suche.html?get=cfe83fe3d799dee3f388b5e8753bf9a1;views;document&doc=10277

[160] http://www.foerderdatenbank.de/Foerder-DB/Navigation/Foerderrecherche/suche.html?get=cfe83fe3d799dee3f388b5e8753bf9a1;views;document&doc=10276

Kommunale Entwicklung

„Nach einem Schwerpunktkatalog fördert der Landkreis Potsdam Mittelmark Investitionen in die kommunale Infrastruktur, entweder im Brandschutz, der Sanierung öffentlicher Einrichtungen oder durch die Sicherung von Eigenanteilen in EU-Programmen. Zur Höhe der Förderung wurde keine Angabe gemacht.“ [161]

3.3.6 Kultur, Medien & Sport

Denkmalpflegeprogramm "National wertvolle Kulturdenkmäler"

„Die Beauftragte der Bundesregierung für Kultur und Medien (BKM) unterstützt Maßnahmen der Denkmalpflege an unbeweglichen Kulturdenkmalen von nationaler Bedeutung. Gefördert werden Baudenkmale, historische Parks und Gärten sowie Bodendenkmale, in denen sich beispielhaft architektonische, städtebauliche, wissenschaftliche, geschichtliche oder politische Leistungen abbilden. Die Förderung erfolgt in Form eines Zuschusses für einen Zeitraum von bis zu fünf Jahren in den alten Bundesländern und bis zu sieben Jahren in den neuen Bundesländern einschließlich Ost-Berlin. Die Höhe der Förderung ist abhängig von der zu fördernden Maßnahme und den jährlich zur Verfügung stehenden Haushaltsmitteln. Bei der Antragstellung sind verschiedene Dinge zu beachten. Der Landeskonservator muss vor der erstmaligen Beantragung von Bundesmitteln zu der für eine Bundesförderung notwendigen nationalen Bedeutung des Kulturdenkmals positiv Stellung nehmen und die geplanten denkmalpflegerischen Maßnahmen aus fachlicher Sicht befürworten. Bei dem Vorhaben muss es sich um eine vom Landesdenkmalamt im Sinne der Denkmalpflegepraxis des Landes anerkannte denkmalpflegerische Maßnahme handeln, die der Substanzerhaltung und Restaurierung eines Kulturdenkmals einschließlich seiner wesentlichen Bestandteile dient. Das Vorhaben darf vor Antragstellung noch nicht begonnen worden sein. Ausgeschlossen sind Renovierungsarbeiten sowie umbau- und nutzungsbezogene Modernisierungsmaßnahmen sowie Maßnahmen an Kulturdenkmalen in unmittelbarem Eigentum der Länder.“ [162]

---

[161] http://www.potsdam-mittelmark.de/de/aktuelles-termine/news-archiv/detail/?tx_ttnews%5Btt_news%5D=459&cHash=4e7db8c68674c4f64f866c04f7102adb

[162] http://www.foerderdatenbank.de/Foerder-DB/Navigation/Foerderrecherche/suche.html?get=cfe83fe3d799dee3f388b5e8753bf9a1;views;document&doc=12967

3.3.7 Landwirtschaft & ländliche Entwicklung

Förderung der ländlichen Entwicklung im Rahmen von LEADER

„Das Land Brandenburg fördert Vorhaben zur nachhaltigen Sicherung und Entwicklung der ländlichen Räume als Lebens-, Arbeits-, Erholungs- und Naturräume. Mitfinanziert werden folgende Maßnahmen:

- Regionalmanagement,
- Unterstützung und Sensibilisierung der lokalen Akteure,
- nationale und transnationale Kooperationen lokaler Aktionsgruppen sowie Vorbereitung von Kooperationen sowie
- Umsetzung von investiven Vorhaben im Rahmen der regionalen Entwicklungsstrategie.

Ziele sind die Schaffung von Einkommens- und Beschäftigungsmöglichkeiten sowie die Verbesserung der Attraktivität und Lebensqualität in den ländlichen Räumen. Die Förderung erfolgt in Form eines Zuschusses. Die Höhe der Förderung beträgt

- für Regionalmanagement: 80% der förderfähigen Gesamtausgaben, maximal 150.000 EUR pro Durchführungszeitraum von zwölf Monaten,
- für die Unterstützung und Sensibilisierung der lokalen Akteure bis zu 80% der förderfähigen Gesamtausgaben,
- für nationale und transnationale Kooperationen lokaler Aktionsgruppen sowie für die Vorbereitung von Kooperationen bis zu 80% der förderfähigen Gesamtausgaben,
- für die Umsetzung von investiven Vorhaben im Rahmen der regionalen Entwicklungsstrategie: je nach Antragsteller und Vorhaben zwischen maximal 30% und maximal 80% der förderfähigen Gesamtausgaben.

Die Höhe der Zuwendung an Gemeinden bzw. Gemeindeverbände muss mehr als 5.000 EUR und an andere Zuwendungsempfänger mehr als 2.500 EUR betragen. Diese Förderung ist auf den Zeitraum bis zum 31. Dezember 2020 begrenzt. Bei der Antragstellung sind verschiedene Dinge zu beachten. Das Vorhaben muss in der im Entwicklungsprogramm für den ländlichen Raum (EPLR) definierten Fördergebietskulisse durchgeführt werden. Grundlage einer Förderung von Vorhaben ist eine regionale Entwicklungsstrategie (RES) der jeweiligen lokalen Aktionsgruppe (LAG) und die Vorlage eines positiven Votums im Rahmen eines Projektauswahlverfahrens, das vor Antragstellung abgeschlossen sein muss. Der Antragsteller muss den Nachweis des Eigentums bzw. des uneingeschränkten Nutzungsrechtes am Gegenstand der Förderung erbringen.“ [163]

Förderung forstwirtschaftlicher Maßnahmen (Forst-RL)

„Das Land Brandenburg fördert mit Unterstützung des Europäischen Landwirtschaftsfonds für die Entwicklung des ländlichen Raums (ELER) Vorhaben zur Erhaltung der Kulturlandschaft und der Wälder, der damit zusammenhängenden biologischen Vielfalt sowie zur nachhaltigen Bewirtschaftung bewaldeter Flächen. Mitfinanziert werden

- Maßnahmen zur Umstellung auf naturnahe Waldwirtschaft,
- die Inanspruchnahme von Beratungsdiensten sowie
- Maßnahmen zur Vorbeugung von Waldschäden.

Die Förderung erfolgt in Form eines Zuschusses. Die Höhe der Förderung ist abhängig von Art und Umfang der Maßnahme. Diese Förderung ist auf den Zeitraum bis zum 31. Dezember 2020 begrenzt. Bei der Antragstellung sind verschiedene Dinge zu beachten. Die Förderung erfolgt in der im Entwicklungsprogramm für den ländlichen Raum Brandenburgs und Berlins 2014–2020 (EPLR) definierten Fördergebietskulisse. Die begünstigte Fläche muss sich im Land Brandenburg oder Land Berlin befinden. Der Fördermittelempfänger muss Eigentümer der begünstigten Waldfläche sein oder für Pachtflächen eine schriftliche Einverständniserklärung des Eigentümers zum geplanten Vorhaben vorlegen. Unternehmen in Schwierigkeiten im Sinne der EU-Leitlinien sowie Unternehmen, die einer Beihilfe-Rückforderung der Europäischen Kommission nicht nachgekommen sind, werden nicht gefördert.“ [164]

3.3.8 Regionalförderung

Gemeinschaftsaufgabe "Verbesserung der Agrarstruktur und des Küstenschutzes" (GAK)

„Aus Mitteln der Gemeinschaftsaufgabe „Verbesserung der Agrarstruktur und des Küstenschutzes“ (GAK) werden Maßnahmen zur Entwicklung der

---

[163] http://www.foerderdatenbank.de/Foerder-DB/Navigation/Foerderrecherche/suche.html?get=85cec0e1848a70cb7bfdb8083cff0a08;views;document&doc=8190

[164] http://www.foerderdatenbank.de/Foerder-DB/Navigation/Foerderrecherche/suche.html?get=85cec0e1848a70cb7bfdb8083cff0a08;views;document&doc=10621

Landwirtschaft und der ländlichen Räume gefördert. Gefördert werden Maßnahmen in den folgenden Förderbereichen:

- Integrierte ländliche Entwicklung,
- Förderung landwirtschaftlicher Unternehmen,
- Verbesserung der Vermarktungsstrukturen,
- Markt- und standortangepasste sowie umweltgerechte Landbewirtschaftung einschließlich Vertragsnaturschutz und Landschaftspflege,
- Forsten,
- Gesundheit und Robustheit landwirtschaftlicher Nutztiere,
- Wasserwirtschaftliche Maßnahmen,
- Küstenschutz,
- benachteiligte Gebiete.

Ziel ist es, eine leistungsfähige, auf künftige Anforderungen ausgerichtete Land- und Forstwirtschaft zu gewährleisten und ihre Wettbewerbsfähigkeit im Gemeinsamen Markt der Europäischen Union zu ermöglichen sowie den Küstenschutz zu verbessern. Die Fördermaßnahmen der GAK werden als Rahmenplan durch den Planungsausschuss für Agrarstruktur und Küstenschutz (PLANAK), in welchem die Agrarminister von Bund und Ländern sowie der Bundesminister der Finanzen zusammenkommen, beschlossen. Er gilt für den Zeitraum der Finanzplanung und wird alljährlich sachlich überprüft und an die aktuelle Entwicklung angepasst. Der Rahmenplan wird über Entwicklungsprogramme der Bundesländer umgesetzt und durch eigene Fördermaßnahmen ergänzt. Die Förderung erfolgt je nach Vorhaben in Form eines Zuschusses oder einer Bürgschaft. Die Höhe der Förderung richtet sich nach Art und Umfang der Maßnahme. Diese Förderung ist auf den Zeitraum bis zum 31. Dezember 2020 begrenzt. Bei der Antragstellung sind verschiedene Dinge zu beachten. Für eine Förderung vor Ort muss die Maßnahme der GAK vom jeweiligen Land angeboten werden. Bei der Durchführung der Maßnahme sind die Erfordernisse der Raumordnung, der Landesplanung sowie des Umwelt- und Tierschutzes zu beachten. Informationen über die spezifischen Voraussetzungen der Förderung enthalten der Rahmenplan der Gemeinschaftsaufgabe „Verbesserung der Agrarstruktur und des Küstenschutzes" sowie die Förderrichtlinien der Länder.“ [165]

---

[165] http://www.foerderdatenbank.de/Foerder-DB/Navigation/Foerderrecherche/suche.html?get=cfe83fe3d799dee3f388b5e8753bf9a1;views;document&doc=10235

Räumliche Strukturmaßnahmen

„Die Landwirtschaftliche Rentenbank fördert Infrastrukturmaßnahmen in ländlich geprägten Regionen. Gefördert werden Investitionen in die kommunale Infrastruktur sowie andere Vorhaben und Einrichtungen der kommunalen Daseinsvorsorge. Ziel ist es, zur Verbesserung des wirtschaftlichen und kommunalen Umfeldes beizutragen. Die Förderung wird als zinsgünstiges Darlehen gewährt. In Abhängigkeit des Zinsumfeldes können die Darlehen durch einen Zuschuss ergänzt werden. Die Höhe des Darlehens beträgt bis zu 100% der Investitionskosten und soll je Kreditnehmer und Jahr 10 Mio. EUR nicht übersteigen. Diese Förderung ist auf den Zeitraum bis zum 30. Juni 2021 begrenzt. Bei der Antragstellung sind verschiedene Dinge zu beachten. Es muss sich um Investitionen zur Erfüllung hoheitlicher Aufgaben handeln, die keine wirtschaftliche Tätigkeit im Sinne des EU-Beihilferechts darstellen. Die Investitionen müssen im ländlichen Raum stattfinden oder der Entwicklung angrenzender ländlicher Regionen unmittelbar dienen.“ [166]

3.3.9 Städtebau & Stadterneuerung

Städtebauförderung

„Bund und Länder stellen gemeinsam im Rahmen der Städtebauförderung Finanzhilfen für Investitionen in die Erneuerung und Entwicklung der Städte und Gemeinden bereit. Gefördert werden städtebauliche Maßnahmen, die der zukunftsfähigen und nachhaltigen Stadt- und Ortsentwicklung dienen und die Funktion der Städte als Wirtschafts- und Wohnstandort stärken.

Mitfinanziert werden

- städtebauliche Maßnahmen der Sozialen Stadt zur Stabilisierung und Aufwertung insb. benachteiligter Stadt- und Ortsteile zur Schaffung von mehr Generationengerechtigkeit, Familienfreundlichkeit und sozialem Zusammenhalt (Programm „Soziale Stadt"),
- Stadtumbaumaßnahmen, die der frühzeitigen Anpassung städtebaulicher Strukturen an die Entwicklung von Bevölkerung und Wirtschaft dienen (Programm „Stadtumbau Neue Länder/Stadtumbau Alte Länder"),

---

[166] http://www.foerderdatenbank.de/Foerder-DB/Navigation/Foerderrecherche/suche.html?get=cfe83fe3d799dee3f388b5e8753bf9a1;views;document&doc=10276

- Maßnahmen des städtebaulichen Denkmalschutzes in den alten und den neuen Ländern zur Sicherung einzelner Baudenkmäler sowie zum Erhalt und zur Revitalisierung historischer Innenstädte in ihrer baulichen und strukturellen Gesamtheit (Programm „Städtebaulicher Denkmalschutz Neue Länder/Städtebaulicher Denkmalschutz Alte Länder"),
- Maßnahmen zur Stärkung der zentralen Versorgungsbereiche von Stadt- und Ortsteilzentren, die durch Funktionsverluste, insbesondere gewerblichen Leerstand bedroht oder betroffen sind (Programm „Aktive Stadt- u. Ortsteilzentren") sowie
- Städte und Gemeinden in dünn besiedelten, ländlichen, von Abwanderung bedrohten oder vom demografischen Wandel betroffenen Räumen zur Sicherung und Stärkung der öffentlichen Daseinsvorsorge (Kleinere Städte und Gemeinden),
- Verbesserung der urbanen grünen Infrastruktur als lebenswerte und gesunde Orte, die der Steigerung der Lebens- und Wohnqualität, der gesellschaftlichen Teilhabe, der Verbesserung des Stadtklimas und der Umweltgerechtigkeit sowie dem Erhalt der biologischen Vielfalt und der Naturerfahrung dienen (Zukunft Stadtgrün),
- im Rahmen des Investitionspakts 2017: Investitionen zur Verbesserung der sozialen Integration und des sozialen Zusammenhalts im Quartier in den Städten und Gemeinden.

Ziel ist es, den Erhalt und die Modernisierung von Gebäuden, die Revitalisierung von Zentren und Nebenzentren sowie eine Verbesserung des Wohnumfeldes, insbesondere durch Barrierefreiheit, zu ermöglichen. Die Förderung erfolgt in Form eines Zuschusses an die Gemeinden. Der Bund beteiligt sich i.d.R. an der Finanzierung der förderfähigen Kosten mit einem Drittel. Die anderen zwei Drittel müssen Land und Gemeinde aufbringen. Die Aufteilung der Mittel im Verhältnis Land-Gemeinde ist Sache der Länder. Die Gemeinden können den einzelnen Eigentümern bzw. Investoren mit den Fördermitteln Zuschüsse oder Darlehen gewähren. Näheres bestimmen die Förderrichtlinien der Länder. Im Rahmen des Investitionspakts 2017 beteiligt sich der Bund mit 75%, die Länder mit 15% und die Städte und Gemeinden mit 10% an den förderfähigen Kosten. Bei der Antragstellung sind verschiedene Dinge zu beachten. Die Finanzhilfen zur Städtebauförderung sind nach dem Besonderen Städtebaurecht des Baugesetzbuchs (BauGB) einzusetzen. Fördergegenstand sind städtebauliche Maßnahmen als Einheit. Im Bereich des Stadtumbaus sind Gesamtmaßnahmen auf der Grundlage von gebietsbezogenen integrierten Entwicklungskonzepten umzusetzen. Im Bereich der Förderung kleinerer Städte und Gemeinden sind die Fördergebiete räumlich abzugrenzen. Für zusammenarbeitende oder ein

Netzwerk bildende Städte oder Gemeinden ist ein überörtlich integriertes Entwicklungskonzept zu erarbeiten." [167]

3.3.10 Wohnungsbau & -modernisierung

Brandenburg-Kredit für Kommunen - Flüchtlingseinrichtungen

„Die Investitionsbank des Landes Brandenburg stellt verbilligte Darlehen zur Finanzierung kommunaler Investitionen in Flüchtlingseinrichtungen zur Verfügung und ermöglicht so die zinsgünstige, langfristige Finanzierung der Maßnahmen. Mitfinanziert werden alle Investitionen in den Erwerb, den Bau, die Modernisierung und die Ausstattung von Flüchtlingseinrichtungen zur Unterbringung und Betreuung. Die Förderung wird als zinsgünstiges Darlehen gewährt. Der Finanzierungsanteil beträgt bei Kreditbeträgen bis 2 Mio. EUR bis zu 100% der förderfähigen Investitionskosten pro Vorhaben. Der Kredithöchstbetrag beträgt 2 Mio. EUR pro Jahr pro Antragsteller. Die Kreditlaufzeiten betragen zehn Jahre bei bis zu zwei tilgungsfreien Anlaufjahren und 20 Jahre bei höchstens drei tilgungsfreien Anlaufjahren. Der beantragte Kredit muss mindestens 100.000 EUR betragen. Bei der Antragstellung sind verschiedene Dinge zu beachten. Die Kredite werden vorhabensbezogen vergeben. Ausgeschlossen sind Liquiditätskredite sowie Umschuldungen oder Nachfinanzierungen von bereits abgeschlossenen und durchfinanzierten Vorhaben." [168]

---

[167] http://www.foerderdatenbank.de/Foerder-DB/Navigation/Foerderrecherche/suche.html?get=cfe83fe3d799dee3f388b5e8753bf9a1;views;document&doc=10331

[168] http://www.foerderdatenbank.de/Foerder-DB/Navigation/Foerderrecherche/suche.html?get=85cec0e1848a70cb7bfdb8083cff0a08;views;document&doc=12435

4 Zusammenfassung und Herausforderungen

In dieser Arbeit wurden alle Begrifflichkeiten und deren Ausprägungen zum Thema Förderungen / Fördermittel erläutert, es wurden die verschiedenen Verwaltungsebenen vorgestellt, der Aufbau dieser Verwaltungen skizziert und die Aufgaben der jeweiligen Ebenen mit den dort angebotenen Fördermitteln verknüpft. Anschließend wurden diese „theoretischen“ Grundlagen am Beispiel der Stadt Bad Belzig in einen praktischen Kontext gebracht und Fördermittel zur Unterstützung der Daseinsvorsorge aufgezählt.
An dieser Stelle möchte der Autor die grundsätzliche Schwierigkeit bei der Bearbeitung dieser Thematik ansprechen. Die grundsätzliche Herangehensweise in dieser Arbeit war es, vom allgemeinen auf das spezifische zu schließen. So wurden Fördermittel aufgezählt, die eine Möglichkeit zur Unterstützung bieten, ohne jedoch einem direkten Verwendungszweck zugeordnet werden zu können. Diese Herangehensweise wurde so in Absprache mit den Initiatoren dieser Arbeit, dem regierenden Bürgermeister von Bad Belzig, Herrn Leisegang, und dessen amtierenden Leiter der zentralen Verwaltung, Herrn Friese, in einem Vorabgespräch im Januar 2018 zur Bearbeitung dieser Thematik besprochen.
Nach Ansicht des Autors wäre es deutlich Zielführender gewesen, hätte es ein bestimmtes Großvorhaben oder Großprojekt gegeben, für welches Fördermittel gesucht würden. Dann hätten die Datenbanken und Ministerien auf mögliche Fördermitteln, welche hierzu infrage gekommen wären, gefiltert werden können. Im Fall dieser Arbeit werden Fördermittel vorgestellt um sich anschließend Gedanken zu machen, ob eine Investition in diese Richtung anhand eines speziellen Fördermittels Sinn macht. Der Autor hält dies generell für keine schlechtere oder sinnlosere Herangehensweise, es stellte sich lediglich bei der Bearbeitung dieser Thematik der Eruierung von Fördermitteln als Herausforderung dar. Aus diesem Grund hat der praktische Teil oder anwendungsbezogene Teil dieser Arbeit den Charakter einer Aufzählung verschiedener Förderungen in den jeweiligen Kategorien.

Literaturverzeichnis

Fabry, B; Augsten, U.: Unternehmen der Öffentlichen Hand 2. Aufl., Baden-Baden: Nomos Verlag, 2011

Lahner, J.; Neubert F.: Einführung in die Wirtschaftsförderung - Grundlagen für die Praxis 1. Aufl., Wiesbaden: Springer Gabler 2016
Seite 6 ff.

Noosten D.: Die private Bau- und Immobilienfinanzierung - eine Einführung für Planer und Auftragsunternehmer von Bauleistungen 1. Aufl., Wiesbaden: Springer Vieweg, 2015

Niebert H., Kuhnert H. und Sanders J.: Förderung des ökologischen Landbaus in Deutschland – Stand, Entwicklung und internationale Perspektive 1. überarbeitete und aktualisierte Auflage Herausgeber: vTI Johann Heinrich von Thünen Institut, Erschienen in Landbauforschung - vTI Agriculture and Forestry Research; Sonderheft 347, Wiesbaden: 2011

Urselmann M.: Fundraising - professionelle Mittelbeschaffung für steuerbegünstigte Organisationen 6. Überarbeitete und aktualisierte Auflage, Wiesbaden: Springer Gabler, 2014

Bogumil J.; Jann W.: Verwaltung und Verwaltungswissenschaft in Deutschland - Einführung in die Verwaltungswissenschaft 1. Auflage, Wiesbaden: Verlag für Sozialwissenschaften, 2005

Bösche D.: Optisches Staatsrecht - Allgemeine Staatslehre und Deutsches Staatsrecht dargestellt in 23 Schaubildern, 2. veränderte Auflage, Herne/Berlin: Verlag Neue Wirtschaftsbriefe, 1976

Bogumil, J.; Jann, W.: Verwaltung und Verwaltungswissenschaft in Deutschland: Einführung in die Verwaltungswissenschaft; 2. Auflage, Wiesbaden: VS Verlag, 2009

Quellenverzeichnis

kommunalwiki.boell.de, Wolfgang Pohl, o. J., Berlin, „Daseinsvorsorge“, letzter Zugriff am 12.03.2018

web.archive.org, o. V., o. J., o. O., o. T., letzter Zugriff am 12.03.2018

www.bafög.de, o. V., 2018, Bonn, o. T., letzter Zugriff am 12.03.2018

www.belzig.com, o. V., 2018, Bad Belzig, o. T., letzter Zugriff am 12.03.2018

www.bmbf.de, o. V., 2018, Berlin, o. T., letzter Zugriff am 12.03.2018

www.bpb.de Schilling, Thorsten; o. J., Bonn, o. T., letzter Zugriff am 12.03.2018

www.brandeins.de, Knetsch, Florian; 2005, o. O., „Was machen eigentlich Bund, Länder und Kommunen?“, letzter Zugriff am 12.03.2018

www.brandenburg.de, o. V., 2018, Potsdam, „Brandenburg – über tausend Jahre Geschichte“, letzter Zugriff am 12.03.2018

www.bundesbericht-forschung-innovation.de, o. V., 2015, Berlin, o. T. letzter Zugriff am 12.03.2018

www.bundeslaenderdeutschland.de, Molkenthin, Marco; 2017, Frankfurt (Oder), „Bundesland Brandenburg (BB)“, letzter Zugriff am 12.03.2018

www.bundestag.de, Dr. Maika Jachmann, o. J., Berlin, o. T., letzter Zugriff am 12.03.2018

www.buzer.de, Liebig, Daniel; o. J., Falkensee, o. T., letzter Zugriff am 12.03.2018

www.dejure.org, García, Oliver; 2018, Mannheim, o. T., letzter Zugriff am 12.03.2018

www.eiz-rostock.de/die-vertraege-der-eu-der-maastrich-vertrag/; o. V., o. J., o. O., „Saeulenmodell EU“, letzter Zugriff am 12.03.2018 www.flaeming.net, o. V., o. J., Rabenstein/Fläming, o. T., letzter Zugriff am 12.03.2018

www.foerderdatenbank.de, o. V., 2018., Berlin, o. T., letzter Zugriff am 12.03.2018

www.foerderland.de, o. V., 2013, Kissing, „Staatliche Fördermittel für Existenzgründer/-innen", letzter Zugriff am 12.03.2018

www.gesetze-im-internet.de, o. V., o. J., Berlin, o. T., letzter Zugriff am 12.03.2018

www.hoher-flaeming-naturpark.de, o. V., 2018, Rabenstein/Fläming, OT Raben, o. T., letzter Zugriff am 12.03.2018

www.kurorte-und-heilbaeder.de, Sana Vita, o. J., Krummesse, o. T., letzter Zugriff am 12.03.2018

www.netzwerk-laendlicher-raum.de, o. V., 2018, Bonn, „Leader 2014-2020", letzter Zugriff am 12.03.2018

www.potsdam-mittelmark.de, o. V., 2018, Bad Belzig, o. T., letzter Zugriff am 12.03.2018

www.statistik-berlin-brandenburg.de, o. V., 2016, Berlin, „Bevölkerungsentwicklung und Flächen der kreisfreien Städte, Landkreise und Gemeinden im Land Brandenburg 2015", letzter Zugriff am 12.03.2018

www.wirtschaftslexikon.gabler.de, o. V., o. J., Wiesbaden, o. T., letzter Zugriff am 12.03.2018

Anhang

Anhang 1: Aufgaben Verteilung der Verwaltung der Stadt Bad Belzig
Anhang 2: Bevölkerungsentwicklung der Stadt Bad Belzig
Anhang 3: Excel Dokument „Datenbank Fördermittel" – in digitaler Form
Anhang 4: Word Dokument „Datenbank Fördermittel – Detail" – in digitaler Form

Anhang 1: Aufgaben Verteilung der Verwaltung der Stadt Bad Belzig

Zentrale Verwaltung	- Personalangelegenheiten, - Aus- und Fortbildung, - Schüler- und Berufspraktika, - Organisation der Verwaltung, - Wahlen und Volksabstimmungen, - Jugendarbeit - Bezügeberechnung, - Arbeitsschutz, - Bundesfreiwilligendienst, - Beschäftigungsnachweise, - Statistik - EDV, - Internet - Beschaffung - Öffentlichkeitsarbeit, - Stadtmarketing - Chronik - Kultur - Vereins- und Verbandsangelegenheiten - Kindereinrichtungen, - Antragstellung u. Anspruchsprüfung für einen Kita-Platz u. Einweisung, - Tagespflegeangelegenheiten, - Datenschutz - Verwaltung v. Freizeiteinrichtungen (Freizeit- u. Erlebnisbad/Eisbahn), - Sportangelegenheiten, - Vergabe v. Sporteinrichtungen, - Zusammenarbeit mit den Sportvereinen,

	- Schulangelegenheiten, - Vermietung von kommunalen Einrichtungen, - Verwaltung v. Kultureinrichtungen (Bibliothek, Museum, Burg) - Verwaltungsarchiv, - Verwaltungsbücherei, - Telefonzentrale
Finanzverwaltung	- Fachbereichsleiterin, - Haushaltsangelegenheiten der Stadt Bad Belzig - Zahlungsverkehr, - Mahnwesen, - Spendenbescheinigungen - Buchungswesen, - Kontenverwaltung - Haushaltsangelegenheiten, - Vergnügungssteuer, - Anlagevermögen - Abgabenbescheide, - Realsteuer, - Hundesteuer, - Gewerbesteuer - Vollstreckungsaufträge im eigenen Wirkungskreis, - Amtshilfeersuchen, - Insolvenzverfahren, - Zwangsverwaltungs- und Versteigerungsverfahren - Bilanzbuchhaltung, - doppisches Haushalts- und Rechnungswesen, - Beteiligungsmanagement
Äußere Verwaltung / Standesamt / Bürgerbüro	- Anzeigen von Ordnungswidrigkeiten, - Gefahrenabwehr, - Brand- und Katastrophenschutz, - Hundeangelegenheiten, - Fundtiere - An-, Um- und -Abmeldung von Gewerbe, - Gestattungen, - Marktaufsicht/ -festsetzung, - Preiskontrolle, - Veranstaltungswesen, - Ordnungsangelegenheiten, - Ordnungsbehördliche Bestattungen - Kontrolle v. Ordnungswidrigkeiten, - Marktdurchführung,

	- Überwachung des ruhenden Verkehrs - Personenstandwesen - Aufgaben des Bürgerbüros
Bauverwaltung	- Tiefbauangelegenheiten, u.a. - Straßenunterhaltung, - Neubau und Rekonstruktion v. Straßen einschließlich Regenentwässerung, - Trassengenehmigungen - Brücken / Bushaltestellen - Erschließungs- u. Straßenbaubeiträge, - Bescheide Straßenreinigung, - Verkehrsbeschilderung, - Widmungen, Einziehung und Umstufung von Straßen, - Führung des GIS, - Sondernutzung öffentl. Straßenraumes- Zufahrten, Zuwegungen - Stadt- und Dorfplanung, - Bebauungspläne, - Flächennutzungspläne, - Vermessungen, - Vorkaufsrecht, Hausnummern - Städtebauförderung – „Soziale Stadt Klinkengrund" - Gebäudemanagement, - Hochbauangelegenheiten - Gebäudemanagement, Brandschauen - Gebührenkalkulation, - städtebauliche Konzepte, - Kooperation Mittelbereich - Gebäudemanagement, - Betriebskostenabrechnung / Mietverträge - Grünanlagen, Spielplätze, Straßenbegleitgrün, - Wasser- u. Bodenverband, Naturpark, - Umweltschutz (u.a. Deponien, Abwasserbeseitigung), - Wanderwege - Friedhofsangelegenheiten, - Straßenreinigung, Winterdienst, - Unterhaltung Straßenbeleuchtung, - Tiefbauangelegenheiten - Bauhofangelegenheiten, - Pflege öffentlicher Grünanlagen, - Unterhaltung Straßen/ Wege u. Plätze,

	- Winterdienst/ Straßenreinigung - An- u. Verkäufe v. Grundstücken, - Grunddienstbarkeiten, - Löschungsbewilligungen, - Flurneuordnungs- bzw. bereinigungsverfahren, -Pacht- u. Gestattungsverträge, - Auszüge aus dem Liegenschaftskataster - Bewirtschaftungsbestätigungen - Bauanträge (Stellungnahme nach §36 BauGB) - Sanierungsgebiet „Historische Altstadt Belzig" - Städtebauförderung - Submissionsstelle

Anhang 2: Bevölkerungsentwicklung der Stadt Bad Belzig

Jahr	Einwohner
1875	3783
1890	3674
1910	3998
1925	4268
1933	4512
1939	5664
1946	7597
1950	7694
1964	7166
1971	7089
1981	7 473
1985	7 521
1989	7 839
1990	7 848
1991	7 760
1992	7 641
1993	7 796
1994	7 671
1995	7 769
1996	7 666
1997	7785
1998	7899
1999	7847
2000	7914
2001	7985

2002	11407
2003	11960
2004	11833
2005	11772
2006	11675
2007	11450
2008	11308
2009	11225
2010	11248
2011	11161
2012	11119
2013	11056
2014	10916

Anhang 3: Excel Dokument „Datenbank Fördermittel" – in digitaler Form

Diese Datei ist der digitalen Form dieser Arbeit mit angefügt.

Diese dient zur Kategorisierung, Recherche Tool und Mini Datenbank über alle ca. 280 vom Autor eingegrenzten Fördermittel.

Aufgrund des Umfanges von 18 Tabellen- Blättern und mehreren Hundert Einträgen, hat sich der Autor gegen eine Aufführung in diesem Anhang entschieden und stellt diese Informationen und die Möglichkeit der Benutzung dieses Tools nur in digitaler Form zur Verfügung.

Anhang 4: Word Dokument „Datenbank Fördermittel – Detail" – in digitaler Form

Diese Datei ist der digitalen Form der Arbeit mit angefügt.

Diese dient als Nachschlagewerk mit allen Informationen und Rechtsgrundlagen zu allen ca. 280 vom Autor eingegrenzten Fördermitteln.

Das Dokument umfasst ungefähr 8500 Seiten, weshalb diese Informationen ausschließlich in digitaler Form zur Verfügung gestellt werden.

FSC
www.fsc.org
MIX
Papier | Fördert
gute Waldnutzung
FSC® C083411

Kolibri 360 GmbH
Ferdinand-Jühlke-Straße 7
99095 Erfurt, Deutschland
produktsicherheit@kolibri360.de

Druck:
CPI Druckdienstleistungen GmbH
im Auftrag der
Kolibri 360 GmbH
Ferdinand-Jühlke-Str. 7
99095 Erfurt